Augusto Iyanga Pendi

El Código
del Pueblo Ndowé

Derivaciones e
influencias foráneas

Nau llibres

© Augusto Iyanga Pendi

© Derechos de edición:

Nau Llibres - Edicions Culturals Valencianes, S.A.

Tel.: 96 360 33 36, Fax: 96 332 55 82.

C/ Periodista Badía, 10. 46010 Valencia

E-mail: nau@naullibres.com   web: www.naullibres.com

Diseño de portada e interiores:

Lucia Arena, Pablo Navarro y Artes Digitales Nau Llibres

ISBN: 978-84-19755-20-9

Dep.Legal: V-2545-2024

Imprime:

Podiprint

Al Pueblo Ndowé;

porque, aferrado a sus tradiciones, pese a las dificultades
y la beligerancia de los pueblos invasores, esclavistas y
opresores, ha conseguido la conservación y práctica de su
código étnico y sus derivaciones en valores, principios,
ideales y convicciones, que garantizan su identidad,
y con ello la preservación de su entidad.

Nuestro profundo agradecimiento a las personas que con decisión, firmeza y perseverancia han sabido guardar celosamente "el tesoro sagrado" de los antecesores, y nos lo han confiado, para escribir con tinta sobre el papel, a fin de que permanezca indeleble en la memoria de los ndowé y sea mejor transmitido de generación en generación; para alumbrar el camino de la historia del Pueblo Ndowé. Porque, la condición de oralidad como característica propia de contenidos transmitidos mediante la vía oral y el colonialismo occidental practicante del negativismo antinegroafricano, han sido las principales causas de retraso de los ndowé.

Índice

Presentación...11

I. La entidad Ndowé...13
   1. Ndowé...13

II. La identidad del Pueblo Ndowé...19
   1. La identidad...19
   2. La identidad del Pueblo...20

III. El Código del Pueblo Ndowé..23
   1. El código..23
      1.1. Primeros intentos de códigos...............................25
      1.2. El Código de Hammurabi....................................25
      1.3. El decálogo..26
      1.4. El mandamiento..26
      1.5. La sharía..27
      1.6. El código moral...28
   2. El Código del Pueblo...28
      2.1. Justificación...28
      2.2. Código lingüístico oral.......................................29
      2.3. Carácter global..30
      2.4. Bosquejo del Código del Pueblo.........................30
      2.5. Contenido...31

IV. La Institución Guardiana Ndowé..35
   1. Introducción...35
   2. Los orígenes del órgano representativo...........................36
      2.1. Sucedió al llegar a la costa Atlántica.................36
      2.2. El conciliábulo...37
      2.3. La dispersión de las tribus.................................37

3. El órgano representativo de la Institución Guardiana
Ndowé 38

3.1. Mohkuku 38

3.1.1. Los fines del Mohkuku 41

3.1.2. La casa del Mohkuku 41

3.1.3. Los adeptos del Mohkuku 42

3.1.4. El presidente de la casa del Mohkuku más
destacado 42

3.1.5. El órgano portavoz de Mohkuku 42

3.1.6. El Mohkuku durante el período colonial 43

3.1.7. El respeto hacia el Mohkuku 43

3.1.8. El uso indebido de la palabra mohkuku cuando se habla de vingangwe 44

V. Las derivaciones del Código del Pueblo Ndowé 47

1. Introducción 47

2. Los valores 48

3. Los principios 50

4. Los ideales 50

5. Las convicciones 51

VI. La transmisión del Código del Pueblo y de sus deriva-
ciones 53

1. Introducción 53

2. La transmisión a través de la educación no formal y de
la educación informal 54

3. La transmisión a través de los espacios de la palabra 54

VII. Las influencias foráneas en el comportamiento ndowé 59

1. La disputa del territorio ndowé por los países europeos ..59

2. El contacto con los pueblos europeos y sus efectos en
el comportamiento ndowé 61

2.1. Portugal 62

2.2. Holanda 62

2.3. Gran Bretaña 63

2.4. Alemania 64

2.5. Francia 66

3. El contacto con los españoles y sus efectos en el
comportamiento ndowé 68

3.1. La identidad ndowé y el conglomerado de la
colonización 68

3.2. Notas de la idiosincrasia del pueblo español 70

3.3. El derecho y la justicia aplicados por España a los
ndowé en Guinea 71

3.4. El derecho 72

3.4.1. Derechos humanos 73

3.4.2. Derecho natural 74

3.4.3. Derecho consuetudinario 74

3.5. El Patronato de Indígenas 74

3.5.1. La Curaduría 76

3.6. La justicia como fin y como esencia del derecho 77

3.7. Primeras consideraciones sobre la justicia en la
colonización de Guinea 80

3.7.1. Organización de la Justicia Indígena en los
Territorios Españoles del Golfo de Guinea
desde 1938 81

3.7.2. Las razones del Decreto 82

3.7.3. Glosa al Decreto de la Organización de la Justicia Indígena en los Territorios Españoles del
Golfo de Guinea. 91

3.7.4. La Justicia en base al Derecho Positivo. 92

4. El genio del Pueblo Ndowé 93

Bibliografía 97

Presentación

Las sociedades y las naciones no son, no pueden ser un conglomerado de individuos donde cada uno hace lo que le dé la gana; sino una conjunción de personas cohesionadas que quieran vivir en armonía. La sociedad y la nación serán lo que sean los individuos que las constituyen. Por esta razón, la preocupación preferente debe ser la conservación de la célula de la idiosincrasia de una comunidad; porque garantiza la ética y en consecuencia la estabilidad de estas entidades. Si ellas se degeneran o disuelven, ¿qué sociedad y que nación se puede esperar? Rotos los vínculos que los unen para una vida en común, los individuos quedarían aislados, semejantes a los gramos de polvo, permanentemente dispuestos a ser levantados por los vientos de todas las revoluciones, como las arenas de los desiertos, para no reunirse sino cuando deban caer amasados en el mismo fango. En la naturaleza es mejor prevenir que curar, y la sociedad es preferible precaver que tratar.

Si todas las sociedades necesitan de la preservación, la ndowé también; por la multiplicidad de los ataques y de la peligrosidad de las tentaciones. Por eso, una elevada jerarquía elaboro un día el Código del Pueblo Ndowé.

El Código del Pueblo Ndowé. Derivaciones e influencias foráneas, que presentamos, es un libro necesario para este pueblo. Ello, porque se ocupa por primera vez del estudio del Código del Pueblo Ndowé y sus derivaciones en valores, principios, ideales y convicciones, así como sus influencias foráneas.

El libro empieza abordando el tema de la entidad ndowé, para pasar a hablar de la identidad del Pueblo Ndowé. La cuestión central empieza con la introducción del significado del código, y recordar los primeros intentos de códigos en la historia de la humanidad; hace referencia también al decálogo y al mandamiento.

En el estudio del Código del Pueblo Ndowé, se refiere a su justificación, los objetivos y el contenido, y la Institución Guardiana con su órgano representativo al servicio del Código.

Las derivaciones del Código del Pueblo Ndowé que son los valores, principios, ideales y convicciones son las proyecciones, especificaciones y desarrollo del Código en toda su dimensión necesaria.

Para la conservación del Código y sus derivaciones, trata de su transmisión a través de la educación no formal, de la educación informal y de los espacios de la palabra.

Finalmente, se habla de los pueblos foráneos europeos que ocuparon el territorio ndowé y sometieron a su población durante más de cinco siglos; invasores y dominadores que directa o indirectamente legaron su cultura, cuyas influencias se dejan sentir en la idiosincrasia de la comunidad ndowé, enriquecido y modernizado su comportamiento.

Augusto Iyanga Pendi

La entidad Ndowé | I

1. NDOWÉ

Ndowé es una etnia formada por la unión (*ilàtino, molàto*) de varias tribus africanas afines, que comparten el mismo universo de valores, principios, ideales y convicciones. Estas tribus se han regido siempre por un mismo jefe principal para todas ellas, constituyendo una entidad (*ehlìno*), un Estado natural. Por lo que los ndowé son una colectividad considerada como unidad (*ivôkino, ipêhélino*).

Estas tribus africanas que constituyen el Pueblo Ndowé hay que contemplar en ellas varios acontecimientos históricos, como los que se citan a continuación.

1. De antaño poblaron el interior del continente, lo abandonaron al mando de su gran jefe, Ikelenge, y tras muchas dificultades durante el trayecto llegaron a las costas del océano Atlántico en la gran migración del siglo XIII, asentándose en la tierra prefijada por la leyenda como meta de su trayecto (Muné na Malongo), constituyéndose su territorio histórico.

2. En el año 1470, su territorio fue ocupado por los europeos portugueses.

3. Entre los siglos XVI y XIX, parte de la población fue llevada esclava a América por los europeos.

4. En 1778, Portugal, por el Tratado de El Pardo como ratificación del Tratado de San Ildefonso en 1777, lo traspasó a España. Con la creación del Virreinato del Río de la Plata en 1776, que incluía Argentina, Uruguay, Bolivia y parte de Brasil, y tras el Tratado de El Pardo, se le agregó a este Virreinato los territorios del Golfo de Guinea, partiendo la flota desde Montevideo para tomar posesión, al mando de Felipe José de Santos Toro y Freyre (Conde de Argelejo).

5. En 1843, España creo con los ndowé el Reino Ndowé de Corisco, que comprendía el archipiélago de Corisco más el correspondiente territorio continental desde el norte del río Etembo (Campo) hasta más allá del estuario del Muni por el sur. Así se contempla la incorporación a la Corona de España del Reino de Corisco, se concedió la nacionalidad española a los habitantes del Reino de Corisco, el contenido y alcance del Pacto Hispano-Corisqño, y las prerrogativas del Rey de Corisco quedaban fijados. Desde 1843 a 1960, fueron monarcas del Reino Ndowé de Corisco: Bonkoro I (Bañe), Bonkoro II (Bodipo), Bonkoro III (Ebogi), Bonkoro IV (Ukambala), Imunga, Kombeñanango, Utimbo Indyendyi y Uganda I (Santiago Uganda Ndelo Ngola).

6. En 1885, en el Acta General de la Conferencia de Berlín sobre el reparto colonial de África, algunas tribus ndowé por el norte quedaron bajo dominio alemán en Camerún, mientras el grueso siguió bajo dominio español y corisqueño en Guinea.

7. En 1885, por encargo del rey Bonkoro III, se advirtió a los fang que procedían del norte de lo que es hoy Camerún,

por haber perdido la guerra contra los *peul* y huían hacia el suroeste, y penetraban en su reino, que no debían seguir hacia la zona litoral poblada por la comunidad ndowé, pero siguieron avanzando.

8. En 1900, bajo la presidencia del Rey Bonkoro IV, se celebra la Asamblea de jefes de tribus ndowé en la Punta Dyeke, para confirmar que seguían vinculados a España pese al interés de Francia, y que colaborarían con España en la penetración al interior y colonización de la población fang que pululaba la zona este.

9. En 1900 se firmó en Paris el Tratado Franco-Español sobre los límites de sus posesiones en África occidental con el título de "Convenio entre España y Francia para la delimitación de las posesiones de ambos países en la costa del Sahara y en la del Golfo de Guinea". De este modo, varias tribus ndowé al sur del Muni en Gabón, pasaron al dominio francés, con lo que el Reino Ndowé de Corisco quedaba definitivamente configurado desde el río Etembo al estuario del Muni más el archipiélago de Corisco, con un total de 26.017 kilómetros cuadrados. Este territorio pasó a llamarse Guinea continental y más tarde provincia del Río Muni, que junto con los otros territorios insulares de Fernando Póo y Annobón del Golfo de Guinea sometidos por España, formarían Guinea Española y después denominados Guinea Ecuatorial.

10. Desde 1900 a 1926, en cumplimiento de los Acuerdos de la Asamblea de jefes de tribu ndowé en la Punta Dyeke, los ndowé colaboraron con las autoridades coloniales españolas, para la introducción a la zona del interior del Reino Ndowé de Corisco, poblada por la etnia fang en la segunda mitad del siglo XIX.

11. Uganda I, desde su proclamación como monarca del Reino Ndowé de Corisco en 1906 hasta su muerte en 1960, por

sus actuaciones por los derechos humanos y civiles en su reino y en toda la colonia contagiando a otras personas, se convirtió en su único defensor y en el precursor indiscutible de la independencia de Guinea Ecuatorial.

12. Después de la creación de la ONU en 1945 y de la aprobación de la Declaración Universal de los Derechos Humanos en la Asamblea General de las Naciones Unidas el 10 de diciembre de 1948, el Rey Uganda I escribió el 2 de diciembre de 1949 al Secretario General de la ONU Trygve Lie (1946-1952), denunciando las violaciones de los Derechos Humanos en Guinea por parte de su metrópoli España, que no pertenecía todavía a la ONU. Carta que fue contestada y donde se alegó las limitaciones de actuaciones de la Organización.

13. Faustino Ruiz González Gobernador General de la colonia entre 1949 y 1962, tan pronto como tomar posesión de su cargo, se reunió con Uganda I, Rey de Corisco en el Subgobierno de Bata en 1950; para comunicarle que "España estaría dispuesta a conceder un cierto grado de autogobierno, especie de soberanía, a su pueblo y a todos los afines", refiriéndose a su tribu Benga así como a otras tribus ndowé. Intuyendo la falacia del Gobernador, el Rey Uganda solo pudo dedicarle unas palabras en defensa de todos los pobladores existentes en su reino y contestó con réplica el monarca ndowé, en el sentido de que España debe hacerlo también con todos los demás pueblos de su reino incluyendo a los *panghwe* (fang). Finalmente, no llegaron a acuerdo alguno.

14. En 1956 se hablaba en la ONU de la cuestión de la descolonización de Guinea. El Secretario General de la Organización el sueco Dag Hammarskyöld (1953-1961) recordó a España las obligaciones libremente contraídas en relación con el capitulo XI de la Carta de las Naciones

Unidas; pero España no quería aclararse en cuanto a los acuerdos jugando al despiste, para ganar tiempo. Entonces, el nacionalista Atanasio Ndong Miyone desde el exilio recurrió al Rey Uganda I en busca de documentos con los Acuerdos establecidos entre el Reino de España y el Reino de Corisco. Con el envío de acuerdos, credenciales, cartas, ratificaciones, etc., fue posible el desbloqueo de la situación del asunto, y se empezó a hablar en la ONU de la descolonización de Guinea Ecuatoria.

15. En 1956 fueron convertidos en una provincia española los Territorios Españoles del Golfo de Guinea; pero en 1959 fueron distribuidos en dos provincias: la provincia de Fernando Póo, formada por la isla de Fernando Póo ($2,017$ km^2) y Annobón (17 km^2); y la provincia de Río Muni, constituida por Guinea continental (26.000 km^2) y el archipiélago de Corisco (17 km^2). Pese a su extensión de 26.017 km^2, Guinea continental y su archipiélago no podían ser divididos en varias provincias (Litoral, Norte y Sur) como se pretendió, por la enérgica protesta del Rey Uganda I recordando a España la conveniencia de mantener la integridad del Reino de Corisco.

La identidad del Pueblo Ndowé | II

1. LA IDENTIDAD

La identidad (*ehvèkuini*) es la unidad e invariabilidad en su ser de una misma realidad. La identidad de una cosa es la calidad de idéntico, igual, en una cosa; hecho de poder ser reconocido como tal, gracias a los elementos que lo individualizan; porque la cosa tiene que ser ella misma. La identidad personal (*ehvekuini a mòto*) es algo semejante a la autoimagen, es el conjunto de características que definen a un individuo y le permiten reconocerse a sí mismo como un ente distinto y diferenciado de los demás.

La identidad es el conjunto de elementos o datos que permiten individualizar una cosa a partir de su identidad física; es la circunstancia de ser efectivamente una cosa lo que es; es la conciencia que de una cosa se tiene de la estabilidad de sus propias características como tal que la hacen un todo estructurado y diferente de las demás cosas.

La identidad como una relación de unidad-distinción, en el sentido de que dos cosas son idénticas cuando en cierto aspecto esencial son una única cosa; mientras que pueden variar en los aspectos accidentales. La identidad en el sentido estricto y absoluto se obtiene, cuando, de dos cosas, todo aquello que pueda predicarse verdaderamente también de la otra.

La cultura de un pueblo tiene como función de la identificación del individuo con la comunidad. Este sentimiento de vinculación y pertenencia a un determinado grupo social se denomina *identidad cultural o identidad étnica*. Por eso, la cultura, además de ser un conjunto de conocimientos por los que el individuo se relaciona con el mundo circundante, también es parte del propio individuo desde el momento en que le confiere una identidad personal y una conciencia de grupo.

La identidad cultural se construye socialmente a partir de algunos aspectos que individualizan a la comunidad, como pueden ser el idioma o la reivindicación de un pasado común. También pueden ser elementos diferenciadores la edad o los gustos y aficiones; así, se habla de la juventud o de la tercera edad como de grupos sociales con una identidad cultural característica que los diferencia del resto de la sociedad, aunque engloben a personas muy distintas entre sí en otros aspectos. Todo esto sugiere que la identidad cultural es un concepto muy flexible al depender, en gran medida, de la propia elección individual.

2. La identidad del Pueblo

La identidad del Pueblo trata de un pueblo concreto, el Pueblo Ndowé.

La identidad del Pueblo Ndowé (*ehvèkuini a Etomba a Ndowé*) tiene un sentido más amplio que la identidad personal, va más allá; lleva al propio concepto que tienen los ndowé: de su pueblo.

Ndowé consta del participio *ndo* (cogido) y del pronombre personal *i/we* (nosotros); o sea, cogidos nosotros o nosotros cogidos,
nosotros nos estamos cogidos los unos a los otros como eslabo-
nes de una cadena; como un racimo de piña, fruto de los abetos
y pinos, formando un conjunto de piezas leñosas que encierran
las semillas; como un árbol con varios ramales; conjunto unido estrechamente. Los hombres unidos, pueblos unidos; unión,
concordia, avenencia, afinidad; ndowé es también singularidad y
pluralidad; porque es unidad y variedad. Por lo tanto, los ndowé:
se autoidentifican como conjunto de personas que sienten fuertemente cogidos, bien entrelazados para ayudarse mutuamente
y emprender grandes tareas para alcanzar unos bienes comunes.

La identidad colectiva, a diferencia de la identidad individual,
es el sentido de pertenencia a una determinada comunidad; la
identidad colectiva implica la autopercepción de un "nosotros"
(endogrupo), un grupo de personas que comparten una serie de
rasgos; la identidad colectiva es la conciencia compartida por los
miembros de una colectividad o comunidad, que se deriva de los
intereses comunes y solidaridad de los miembros, el concepto
vincula a valores, prácticas, etc.

La identidad colectiva (*ehvèkuini a ihrômino*) para el Pueblo
Ndowé es un requisito principal para que sus organizaciones per-
petúen sus actividades de acción conjunta; es que consigan gene-
rar mecanismos de identidad colectiva. La identidad colectiva, en
este sentido, expresa y define simultáneamente los intereses de
quienes la integran y los de la propia organización. En definitiva,
se convierte en una capacidad de una determinada "organización
de acción conjunta para lograr que sus miembros no actúen de
forma individualista e instrumental, y que lleve implícito que
estos consideren un bien en sí mismo el hecho de pertenecer a
dicho pueblo.

Por ello, los ndowé como conjunto de personas y tribus, creen
en su identidad como pueblo y la defienden. Se sienten unidos

constituyendo una comunidad histórica, tienen una ubicación geográfica en un territorio, hablan la misma lengua, se rigen por unas instituciones comunes de antaño, comparten la misma visión del mundo o una misma filosofía de la vida y el mismo universo cultural. Confiesan los mismos principios, convicciones e ideales, fines y valores; se proyectan hacia un mismo futuro, y como sociedad dinámica se enriquecen constantemente de las aportaciones de otros pueblos africanos y foráneos, porque todas ellas son patrimonio de la humanidad a la que ellos también pertenecen.

El Código del | **III**
Pueblo Ndowé

1. EL CÓDIGO

El código en ndowé es: *bokàngo, engoboandyèka, belekanako.*

El vocablo *código* procede del término latino *codex*, códice:
a) Una de las formas de registro que utilizaron los pueblos mesoamericanos;
b) documento iconográfico;
c) manuscrito pictórico o pictográfico;
d) libro manuscrito;
e) libro manuscrito de cierta antigüedad histórica o literaria;
f) libro anterior a la invención de la imprenta.

Originariamente, código es "tronco de un árbol" y "tablillas de madera para escribir"; se aplicaba al conjunto de pergaminos unidos por sus bases y enrollados en torno a un eje, de donde por extensión al "libro", "registro", "escrito".

En la matización del código, hay que contemplar los aspectos que siguen.

a) En los usos del código subyace una idea de conjunto o sistema coherente y comprensible en sus textos: para comunicarse, para agrupar las leyes que tratan de una misma materia, o para referirse a un producto;

b) El código incluye desde los principios o conceptos generales de su materia hasta los artículos más concretos y específicos.

c) Se estructura en divisiones lógicas, se compone de libros que, a su vez, se dividen en títulos, capítulos y secciones.

d) Los artículos están numerados para facilitar su búsqueda e identificación, así como su citación.

Los códigos pueden ser lingüísticos o no lingüísticos. En el primer caso, atañen al lenguaje, y en el segundo año provienen de áreas ajenas. Por su parte, los códigos lingüísticos pueden ser de dos tipos: orales (o naturales) y escritos.

Las primeras normas y leyes se ejercieron y preservaron oralmente, y eran solo fórmulas breves que regían el intercambio, o que solventaban posibles disputas en torno a la propiedad o la violencia.

La palabra *código* se especializó en el lenguaje jurídico, para designar un libro de leyes, una colección de leyes, la recopilación sistemática de diversas leyes, o para referirse a un conjunto de normas legales sistemáticas que regulan unitariamente una materia determinada.

Los códigos más antiguos contenían los libros que conforman la Biblia; asimismo los estudios de autores romanos en materia de Derecho Civil. Con el paso del tiempo y la invención del papel, los códices se aglutinaron en los libros rústicos y a partir de tejidos animales, hasta llegar a la utilización del papel.

1.1. Primeros intentos de códigos

Existieron unas primeras tentativas de ordenanzas o leyes dictadas por los reyes de Mesopotamia, que pueden considerarse como primeros intentos de escribir códigos.

a) El Código de Entemena, escrito en 2430 a.C. por el rey, Entemena, de la Lagash, Sumeria (período Dinástico Arcaico).

b) El Código de Urukagina, data de 2350 a.C., es una recopilación de las ordenanzas o leyes dictadas por los reyes de Mesopotamia anteriores a él. Se considera el primer código jurídico de la humanidad que ha quedado fijado en escritura; expresa claramente su deseo de combatir la injusticia y la corrupción en Lagash, Sumeria.

1.2. El Código de Hammurabi

Hammurabi (1795-1750 a.C.), rey de Babilonia, recibió de Samash dios del Sol y la justicia, las reglas a cumplir para fomentar el bienestar entre la gente de las dos culturas de Acad y Sumer en un gran reino único y poderoso. Y elaboró la primera gran compilación de leyes o un código que se tiene registro en la Historia, y ordenó que se escribiese para que la gente lo conociera. Estas leyes fueron escritas en una gran estela de piedra de basalto negro de 2,4 metros de altura, que fue cincelada hacia 1750 a.C. Establecía las normas de comportamiento, y los castigos aplicables para aquellos que incumplían el código destacaba por su especial severidad e imponía la pena de muerte para varios delitos y aplicaba la *ley del talión*: "ojo por ojo, diente por diente", o sea que, exige un castigo igual al crimen cometido; el significado del término "talión" (*ibutyiyé, ikùnda*) es pena que consiste en hacer sufrir al delincuente un daño igual al que causó. El código condensa las leyes de Mesopotamia en 262 artículos: de 1 a 5, la mentira y el falso testimonio; de 6 a 25, el robo; de 26 a 41, la protección de las posesiones reales; de 42 a 66, la agricultura y la ganadería, etc.

El ingeniero de minas francés Jacques de Morgan (1857-1924), director de Antigüedades en Egipto a finales del siglo XIX, con el equipo que encabezaba la expedición, en Susa al suroeste del actual Irán, encontró en 1901 piezas como la estela del rey acadio Naram-Sin (2254-2218 a.C.) y la estela diorita en la que aparecía grabado el *Código de Hammurabi*. Se conserva en el Museo del Louvre (París), en Francia.

1.3. El decálogo

El decálogo hebreo, *decàleg*, son los Diez Mandamientos que aparecen en los libros de Éxodo 34,28 y Deuteronomio 5, 6-21. Son el conjunto de principios morales, éticos y religiosos que fueron revelados a Moisés durante su ascenso al monte Sinaí.

El decálogo es un conjunto de normas o consejos que, aunque no sean diez, son básicos para el desarrollo de un grupo, la vida social y la convivencia entre los seres humanos.

Un decálogo debe contener una serie de consejos, pautas y reglas que deben ser respetados.

a) El consejo: opinión que se expresa para orientar una actuación de una determinada manera.

b) Pauta: norma, directriz, patrón, dechado y ejemplo.

c) Regla: modelo establecido de ejecutar algo, método.

1.4. El mandamiento

El mandamiento hebreo, *mitzvá*, tablas de conjugación; es ordenanza, encomienda, precepto. Los 613 preceptos de la Torá judía o Biblia cristiana, el Pentateuco o los cinco primeros libros: Génesis, Éxodo, Levítico, Números y Deuteronomio.

El mandamiento es un precepto u orden de un superior a un inferior. En ndowé se conoce por *elekanako, mbenda, ndyèka, mokkòngo*.

En español, la precisión del término *mandamiento* comprende:

Mandato ....*Ipanga, iloma, ikonga, isombé, mbando, ubandìtyi*

Orden..............*Isombé, ipanga, mbenda, ndyèka, itémiyidi*

Ley...................*Elekanako, mbenda, ndyèka, mokkòngo*

Prescripción....*Ilènaka, ivhélémbenda, issandyèka*

Ordenanza.......*Iloma, ipanga, ikonga, isombé, mbenda, mbando, ndyèka*

Instrucción .....*Utalo, ikonga, ndyèka, mbenda, itandiyé, ileva*

Regla ....*Elekanako, mbenda, bokàngo, ehtémiyi*

Norma.............*Mbenda, mbêmbó, issedi, ikonga*

Disposición .....*Ndyèka, mbenda, upango*

Precepto ....*Elekanako, mbenda, ndyèka, mokkòngo*

1.5. La sharía

La sharía o la ley islámica (vía o senda del Islam) tiene su origen en el siglo VII, durante el surgimiento del islam en la vida del profeta Muhámmad o Mahoma (570-632), y se consolidó en los distintos reinos musulmanes que aparecieron desde su muerte en el año 632. Los textos son recopilados por Malik, Bujarí, Muslim, Tirmidzi, Abú Daúd, Nasaí e Ibn Majah. La sharía es el sistema legal islámico, la ley reguladora de todos los aspectos públicos y privados de los musulmanes; en su conjunto, es un código de conducta que determina todos los aspectos de la vida de los musulmanes.

1.6. El código moral

El código moral o leyes y costumbres de la comunidad que hay que conservar, es un conjunto organizado de valores morales y normas que son asumidos por un grupo social determinado. Es decir, los mandatos morales y los deberes que se señalan para las buenas acciones que se deben practicar para construir una sociedad armoniosa.

El código en la sociedad es una declaración formal de principios, para la conducta colectiva, en la que se recogen los valores y estándares éticos por los que se rige.

El código moral es social, porque regula los actos que tienen consecuencias para todos los miembros de una comunidad; se encarga de aprobar o desaprobar ciertas conductas. Es la ley no escrita que impone la sociedad.

2. El Código del Pueblo

2.1. Justificación

En la tradición ndowé no se hace referencia a un paquete de medidas puestas un día por alguno de sus jefes, como norma de comportamiento para el pueblo. El Código del Pueblo Ndowé no aparece recogido en la mayoría de las versiones sobre la emigración de las tribus ndowé hacia el occidente; en las pocas veces que aparece, lo hace de modo insinuado por su necesidad. Sin embargo, hay varias razones que explican la existencia de un código para esta comunidad; si no antes, pero sí una vez que alcanzaron el mar.

Los ndowé, desde su salida del lugar de las multitudes (*etêbé a bebùmbu, ikùmé mbôngó*) y la marcha hacia el lugar donde se pone el sol, a lo largo de la travesía, fueron perdiendo y adquiriendo varias costumbres y, en consecuencia, adaptándose en todo momento a las nuevas situaciones.

Cuando iban observando visos de su proximidad a las costas del océano Atlántico, se reunían los jefes de las tribus con el jefe principal de la etnia analizando el panorama del futuro inmediato. Según la tradición, de este modo se plantearon lo que se iban a encontrar delante, independientemente del bagaje cultural no del todo original que aportaban en el momento para el escenario que se presentaba.

Por esta razón, se hicieron idea de lo que supondría el conjunto de lo que iba a ser necesario, que era un código del pueblo (*bokàngo a etomba*). Y, en consecuencia, vieron que era imprescindible establecer y con rigor las principales bases para la vida en la comunidad y, para ello, fijar un conjunto de normas y reglas para el mantenimiento de la identidad, la defensa de la entidad y el desarrollo de la convivencia en el Pueblo Ndowé.

Para que se pudiesen cumplir sus propósitos para con su pueblo, los jefes ndowé pensaron que era indispensable crear una institución formal que se ocupara de velar por el pueblo; o sea, por su identidad, robustecerla y protegerla ante los detractores y de los posibles enemigos ajenos a la comunidad.

2.2. Código lingüístico oral

Esto dice de la existencia de un código mediante la palabra hablada, un lenguaje y su realización en lengua natural y también en las lenguas artificiales. Y de este modo ha llegado hasta nosotros. Pero su transmisión oral de personas de diferentes tribus y a lo largo de varias generaciones, exige de sabia interpretación, para ser entendible por propios y extraños.

2.3. Carácter global

La concepción de la ciencia en el universo ndowé, como en otros pueblos africanos y poco evolucionados, es tomada en conjunto; no es clasificatoria sino global. Esto conlleva también las consideraciones globalizadas; en conjunto, sin separar las materias, diferenciar las partes, distinguir los contenidos, ni detallar los matices. El código así concebido, lleva a imprecisiones y no en pocas ocasiones conduce a facilitar interpretaciones inexactas.

2.4. Bosquejo del Código del Pueblo

El Código del Pueblo es la *piedra angular* (ilale dya sìhsi) del Pueblo Ndowé. La piedra angular o piedra de base de este pueblo, es la primera piedra en la construcción de la base de la cimentación, ya que todos los demás elementos se establecerán en referencia a esta piedra, lo que determina la posesión de toda la construcción del edificio ndowé. Es un ente muy importante, para poder mantener su identidad, por ser determinante de su estructura y considerable en el sistema y proceso de lo que se quería conseguir.

El Código del Pueblo delinea varios aspectos:
1) Extraer de las creencias y la filosofía una síntesis capaz de orientar la vida social y la acción cívica; por ser un código social y ético convertido en una verdadera brújula de pensamiento social.
2) Definir las instituciones y los principios tradicionales como estructuras básicas del cuerpo de la comunidad;
3) Efectuar una búsqueda constante de los lineamiento básicos del pueblo del mañana y de sus estructuras, siempre susceptibles de mejoras.
4) Diseñar una perfecta arquitectura que advierte el arco fundamental sobre el cual se apoya el edificio de su creación.

5) Aportar una contribución eficaz; porque es la más indispensable en su esencia, y con posibilidades grandes de abrirse a otras civilizaciones.

6) Carecer de privilegio de la infalibilidad, pese a estar avalado por la elevada jerarquía de sus fundadores, porque es lícito discutir sus ideas.

2.5. Contenido

Las consideraciones de la justificación, los aspectos del código lingüístico oral, el carácter global, y el bosquejo del Código del Pueblo dan una idea del Código del Pueblo Ndowé, que algunos de los celosos transmisores de la tradición ndowé nos han hecho llegar.

A. El Código del Pueblo Ndowé en sus fundamentos (*Bokàngo a Etomba a Ndòwé e masùma màdú*)

1) Es un conjunto de preceptos que definen y regulan la vida en la comunidad.

2) Es un bien moral, un fundamento y pilar básico, que garantiza la identidad, los valores, principios ideales y convicciones.

3) Es un cuerpo para proteger la identidad del pueblo; por tanto, formular y comprender mensajes secretos, sistemas de signos, señales y reglas para dar otra forma a un mensaje.

4) Es parte principal y central del ordenamiento, que implica a todas las tribus y personas de la etnia.

5) Es un cuerpo doctrinal que reúne los fundamentos del pueblo, según se ha configurado a lo largo de las diferentes etapas de su historia.

6) Es un instrumento que garantiza la convivencia y armonía entre todos los integrantes de la etnia ndowé.

7) Enfatiza el ser ndowé y su compromiso individual y social.

8) Contiene las consideraciones sobre el régimen jurídico aplicable a las personas, bienes o modos de adquirir la propiedad.

9) Recoge las consideraciones del código moral o ético, el código civil y el código penal.

10) Reúne lo determinado sobre las faltas y los delitos, y las penas aplicables a las personas que incurran.

B. El Código del Pueblo Ndowé en sus concreciones (*Bokàngo a Etomba a Ndòwé e Kangulène nyàdú*)

1) Amar a Dios (*Ibendé dya Rambé*).

2) No jurar en falso (*Mba egóndyiyé ehvòse*).

3) Querer al prójimo (*Etóndé a mòto u mbókué*).

4) Honrar a los padres (*Etóndé a whadyàyí*).

5) Respetar a los mayores (*Edìliyé a wahtohdu*).

6) No matarás (*Mba oyanàká*).

Nota: en este sentido, los ndowé tienen un respeto a la vida humana que, no condenan a muerte, por muy grave que sea la falta. Para ellos, la pena máxima consiste en declarar a uno "persona no grata" (*mòto pió uhnyêngó*) para la comunidad. Y de acuerdo con el derecho consuetudinario, el penado por la ley debe abandonar su tribu y establecerse en otra que esté dispuesta a acogerlo.

7) No hacer daño al prójimo (*Mba ssàka mòto u mbòkue isama, buayi, behva, mosòtyi, ittuka, etùmiya na miàdi*).

8) No mentirás (*Mba dyowaka*).

9) No codiciar (*Mba evàvé*).

10) No hurtarás (*Mba eibaka, mba edódókó*).

11) No cometerás concupiscencia (*Mba bètyé uhohonde, dyéhlé mohssidyenga*)

12) Enterrar a los muertos (*edyàmé a mehwheewhee*).

13) Atender a los desvalidos (*Ebandamiyé a isèndya*).

14) Cuidar de las viudas y huérfanos (*Ettata mehkkusi na nyùhwe*).

15) El trabajo hace noble (*Ebòlo essàndi ehnami*).

16) Querer al pueblo y trabajar por él (*Etóndé a etomba na endyandya egàla yo*).

17) La unión hace la fuerza (*Molàto ndi ngùdi*).

18) No descuidar el presente y mirar el futuro (*Mba etèmama tyatyavah ke elôngó gàhné*).

La Institución
Guardiana Ndowé | IV

1. INTRODUCCIÓN

Se trata de una institución depositaria, custodia, vigilante y defensora.

La Institución Guardiana Ndowé surge para proteger la identidad del Pueblo Ndowé y, por ello hacer cumplir el Código del Pueblo.

La Institución Guardiana (*Ikàndo dye Elongó*) se ocupa de la guarda y vigilancia del Pueblo Ndowé; mantiene la cautela y atención en lo que se está haciendo; cuida del pueblo, por ello lo custodia y está atento. O sea, tiene por función esencial mantener el orden y la disciplina social, y también mantener a raya a los demonios y espíritus malignos.

Por ello, vela por la identidad del Pueblo Ndowé, por el Código del Pueblo, y por la transmisión de la cultura; en su condición de clase dirigente especial encargada de cuidar las tradiciones oficiales del pueblo, a veces son secretos, que disponen de rituales y ceremonias.

El órgano representativo de la Institución Guardiana del Pueblo Ndowé se llama *Mohkuku*.

2. Los orígenes del órgano representativo

Para esta cuestión se conocen pocos relatos, y uno de estos exiguos relatos es el que versiona Andrés-Ngangwé Ikuga Ebombebombe (1916-1998); el cual ha sido complementado con otras interesantes aportaciones para la exposición de la materia que tratamos.

2.1. Sucedió al llegar a la costa Atlántica

Los orígenes de *Mohkuku* se remontan al tiempo en que las tribus ndowé alcanzaron la costa atlántica en el territorio situado al norte del río Etembo (Campo), hoy parte de la República de Camerún, dando fin a su migración. Se desprende así que esta institución es muy antigua ente los ndowé, por cuanto lleva muchos años.

Los ndowé una vez en la playa de la costa de Camerún, precisamente en el desaguadero del mentado Lokondye aquel afluente en su interior donde tiempo atrás se desarrolló el maravilloso episodio de la puérpera Madobo y el animal *rhombe* (cephalophus nigrifons gray) una variedad de antílope frecuente en la selva ecuatorial africana y por lo general en las zonas próximas a los ríos, suceso también conocido por *ediba a rhombe na Madobo* (el río de rhombe y Madobo). Al aire libre sentados al suelo, los ndowé oraron y alabaron solemnemente a la divinidad Rambé con religiosos cultos de acción de gracias.

2.2. El conciliábulo

Unos días después de la acción de gracias a Rambé, por haberlos permitido concluir el viaje, en un bosque de la costa distante de la playa y de sus campamentos, fuera y lejos de la presencia de las mujeres y los menores, se constituyó una especie de conciliábulo de carácter extraordinario, parecido a un gran aquelarre, entre los más destacados poseedores de espíritus poderosos y poderes paranormales, ocultistas y hechiceros de todas las tribus. El motivo de la reunión era la fundación sobre lo normal, es decir, por encima de las instituciones ordinarias, del *Mohkuku*, Edimo (Espíritu) "espíritu del pueblo" y sus dos Hados o *Maheka*, destinados uno para el grupo del norte y otro para el grupo del sur, cuya consagración y deificación duraron siete días y siete noches en plena selva; designando al primer Hado como institución de Gobierno y Panacea, y al segundo Hado como órgano de la Divinidad y Oráculo. Así se integran las parcelas de: gobierno de la tribu, el medicamento que se aplica a diversas enfermedades, la influencia de los seres superiores sobre los humanos, y la representación de la deidad a la que se ruega y pregunta.

El secretismo de esta institución desde el momento de su fundación y en su actuación, consagra su carácter un tanto mágico.

2.3. La dispersión de las tribus

Una vez dada por concluida la reunión para tratar de lo que se tenía que mantener oculto, se decretó por el gran jefe Bosendye la libre dispersión de las tribus, para habitar la ribera del océano Atlántico.

Desde aquella playa, las tribus tomaron cada cual la dirección que le pareció mejor entre el norte y el sur, por la orilla del mar, hasta que unos toparon con las desembocaduras de los tributarios hoy llamados Nyong y Wouri, y otros con el denominado Etembo

(Campo), decidiéndose por este motivo remontar sus cursos en busca de las partes vadeables de sus corrientes. Este impedimento les obligó a internarse de nuevo en la selva en distintas vías y en desglosadas agrupaciones, alcanzando muchas de ellas largas distancias que oscilarían entre los ochenta y cien kilómetros de la costa, para luego seguir el mar bajo la orientación del sol. Muchos anduvieron en las mismas circunstancias, es decir, en diferentes grupos y en distintos períodos de llegadas a los enclaves que hoy ocupan a lo largo del litoral.

Las dificultades aludidas, como se ha visto, desgraciadamente causaron muchos perjuicios; sin embargo, a pesar de las escisiones, desbandadas y separaciones no se han roto los vínculos tribales, porque gran parte de los africanos bantúes mantienne desde los tiempos muy lejanos la costumbre de nominar a cada linaje o clan (*etùngu*) con su nombre específico con el que se identifica, se distingue y conoce, aparte de los demás detalles caídos en desuso como los estigmas y breves epopeyas épicas.

3. El órgano representativo de la Institución Guardiana Ndowé

3.1. Mohkuku

Es el nombre del órgano representativo de la institución guardiana ndowé (*ikàndo dye elongó ndowé*). Aunque mayoritariamente en la comunidad ndowé es conocido con este nombre; pero algunas personas se arman un lío con este nombre y los de los demás que forman parte de este órgano.

Los fundadores del órgano representativo de esta organización, al ponerlo el nombre de *Mohkuku*, eran muy conscientes de lo que hacían. Porque, lo que querían decir con ello, su significado, es igual en otras varias culturas: *Mohkuku* es "espíritu"; palabra de origen latino *spiritus* traducida como "soplo", "aliento" o "animador"; en griego es *pneuma*, con el mismo significado; siendo equivalente al término hindú *prâna*; así como en el Antiguo Testamento de la Biblia cristiana en hebreo es *ruach*, que puede traducirse por "viento" o "respiro". El espíritu es la personificación del poder creador y vital divino; es el alma, el aliento, la psique, el interior, o el impulso vital; es la energía del ser humano. Aquí, Mohkuku es el "espíritu del Pueblo Ndowé".

Como la comunidad ndowé convertida en un Estado natural desde hace mucho tiempo, tiene a recordar aquí dos conceptos en la historia del pensamiento contemporáneo.

1) El "genio de los pueblos" (*mbêmbó nya mayôngó*) es una herencia milenaria, transmitida de generación en generación; forma parte de su sistema de vida, hay que saber mantenerlo y hacer uso de él y más cuanto sea necesario.

   En este sentido hay que invocar el "espíritu del pueblo" (*ityépi dya iyôngó*) o "espíritu nacional" (en alemán donde nace, *volksgeist*) es un concepto propio del nacionalismo romántico que consiste en atribuir a cada nación unos rasgos comunes e inmutables a lo largo de la historia; de ello se deriva la "formación del espíritu nacional" (*ikèndyé dya ityépi dya uhyôngó*) en los sistemas educativos de algunos países o regímenes. El nacionalismo aboga por la homogeneidad cultural, lingüística y ética de la sociedad.

2) El patriotismo (*ehyôngó*) o "conciencia patriótica" es un pensamiento que vincula a un individuo con su patria. Es un sentimiento que tiene un ser humano por la tierra natal o adoptiva, y en este sentido sus acciones patrióticas son las que sirven para mostrar el amor que se tiene hacia el país. El patriotismo pone énfasis en el aprecio a las instituciones y a la defensa de libertad común de las personas.

Volviendo al cuerpo de la cuestión, Mohkuku ha sido desde su fundación una institución sin poderes ejecutivo, legislativo ni judicial reales; pero con autoridad indiscutible en la sombra, y desarrollando sus actividades en secreto, ejerciendo una notable influencia en la sociedad ndowé; por ello, muy respetado, no temido como confundidamente se puede interpretar ante el desconocimiento de la cuestión.

Para definir el Mohkuku, no hay mejor modo de hacerlo que a través de las funciones en las que se cree que ejerce, utilizando varios recursos dedicados la intervención en las entidades materiales y espirituales de cualquier tipo, y usa una comunicación compleja y un lenguaje oscuro con palabras especificas o reservadas para el grupo.

Estas y otras cuestiones son el cometido del Mohkuku y son las que lo definen: proteger a la comunidad en todo lo que se supone malo, como el bosque, los montes, las cuevas, el mar, los ríos, los lagos, las alturas, etc.; defender y ayudar a superar los miedos a los genios malignos, los espíritus malvados, los fantasmas, los gnomos, las sirenas, etc.; resguardar durante los períodos de debilitamiento de las tradiciones del pueblo; ayuda a superar la fragilidad de la cohesión del pueblo, la tribu, el clan o la familia; fomentar la armonía, la integración, la colaboración, la solidaridad y la unidad del pueblo; amparar ante brujerías, hechicerías, perversiones monstruosas, etc.; la lucha contra las enfermedades, para encontrar el bienestar físico y psicológico; proteger al pueblo ante los enemigos internos y foráneos.

El reverendo pastor ndowé de la tribu benga Matías Ibiya Ikenge (1834-1901), sobre el Mohkuku dice: "Este ritual fue muy útil para nuestros antepasados. Su utilidad residía en que quitaba muchas maldades mundanas, decretaba e imponía la armonía en la comunidad y el respeto a las jerarquías sociales; la importancia del significado profundo de sus cánticos y sus oráculos benefactores es y ha sido siempre inmenso" (Ibiya Ikenge, Matías: *Mbêmbo ja benga na betomba be bakake na bâ*), escrito en Corisco. Publicado en inglés como *Customs of the Benga and the Neighboring Ethnic Groups*. American Tract Society, New York, 1872, cap. VI, 31).

3.1.1. Los fines del Mohkuku

Los fines del Mohkuku son el cumplimiento de los preceptos emanados en el Código del Pueblo Ndowé, o sea, de la ortodoxia de lo antropológicamente correcto del Pueblo Ndowé. Tales como:

1) Vigilar el cumplimiento de las normas del pueblo.
2) Velar por el pueblo en todos los aspectos.
3) Cuidar de los convencimientos fuertemente adheridos de la comunidad como sus valores, principios, ideales y convicciones.
4) Velar por la identidad y la entidad étnica.
5) Velar por el respeto a la unidad del pueblo y la diversidad de las tribus.
6) Custodiar la cohesión social y la convivencia armónica de los integrantes de la comunidad.
7) Velar por el bagaje cultural del pueblo.
8) Desenmascarar a los detractores y autodestructores.
9) Acechar a los delincuentes y a las personas no gratas para el pueblo, y vigilar a las personas penadas.
10) Proteger al pueblo de los posibles enemigos foráneos y de los invasores.
11) Disimular las imperfecciones de la comunidad.
12) Saber ser fiel servidor y contagiando a los otros integrantes.

3.1.2. La casa del Mohkuku

La casa del Mohkuku es *Indumu dya Mohkuku*. Indumu, entre los ndowé, es una especie de choza, chabola, cabaña, un lugar de reunión; en este caso, una reunión de carácter secreto. La casa del

Mohkuku no tiene un espacio limitado como recinto o un edificio material. Los integrantes de esta sociedad se reúnen al aire libre, en un lugar discreto donde nadie los vea ni que puedan llamar la atención. Hay una casa del Mohkuku por tribu.

3.1.3. Los adeptos del Mohkuku

Para ser *mbohna* (adepto) de la sociedad del Mohkuku hay que ser varón mayor de 18 años; pero no puede serlo cualquiera de la etnia, solo los que hayan sido seleccionados. El conjunto de los miembros se llamam *Wahtati wa bombàndo* (Guardiantes de la tradición). Al frente de la sociedad hay un adepto muy distinguido que se llama *Ehpandyi* (presidente), el cual actúa también de sumo sacerdote en las ceremonias que lo exijan; hay una copresidenta que actúa de madrina, la única mujer del grupo mayor tirando a anciana y considerada, a la que se llama *Nyàngwé a Kôwé*.

3.1.4. El presidente de la casa del Mohkuku más destacado

El más representativo *Ehpandyi a Indumu* es Ekoka a Evusa (1850-1898). Perteneciente al clan Enyimba a Bisawé, natural del poblado de Miuma de la tribu Bweko. Personaje extraordinario, dotado de poderes paranormales y guardián del Código del Pueblo Ndowé. Se extendió su fama y llegó a ser un mito que, por lo fabuloso de su obra, pronto se transformó en leyenda. Mereció el reconocimiento de los ndowé y le distinguieron con el sobrenombre de *Mhbukwa*, reservado para designar la fuerza suprema.

3.1.5. El órgano portavoz de Mohkuku

El órgano portavoz de Mohkuku es *Momu a Ezityi* u Hombre de la Selva; que se comunica con la comunidad social a través de una voz fuerte y poderosa, a veces cariñosa, triste, según se dé la clase de comunicación. Así, ante las catástrofes naturales, inminente peligro de la comunidad, en tiempos de guerra, ante la invasión por otra tribu o pueblo, por el nacimiento de un niño de una familia destacada, ante el vencimiento de una situación difícil, ante la muerte de un personaje destacado, por la transgresión de las normas de la comunidad.

El órgano portavoz del Mohkuku, no debe confundirse con las vibraciones (*mavhungu*) de *Ndyò a mohkuku* órgano portavoz o animador del ambiente de la sociedad iniciática Evala.

3.1.6. El Mohkuku durante el período colonial

El *Mohkuku* pudo sobrevivir a los ataques brutales de los países europeos que ocuparon y dominaron los pueblos africanos y sus instituciones. Durante el período de sometimiento de los países europeos a los pueblos africanos y, concretamente durante el tiempo de colonización de los ndowé por parte de España, el *Mohkuku* pudo subsistir por tres razones evidentes.

1) Era una sociedad discreta, no una sociedad secreta peligrosa, ni se observó en ella indicios de serlo; por lo que los invasores no se metieron con ella.

2) El carácter del ndowé: discreto, mucho tacto para hablar y obrar, o sea, habilidad y delicadeza para tratar asuntos conflictivos o personas sensibles; no llama la atención, es reservado, cauto, capaz de guardar secretos, comedido, poco hablador, sabe callar cuando es necesario, y no es amigo de la violencia.

3) La protección de los ndowé a la institución guardiana. Los ndowé tenían que proteger su institución y, para ello, lo hicieron funcionar no como debería ser sino a los mínimos, para no llamar la atención a los poderosos invasores europeos. Esto es lo que ha causado que funcione durante la ocupación y después de ella con el espíritu necesario.

3.1.7. El respeto hacia el Mohkuku

Es fácil oír decir que "se tiene miedo al Mohkuku", y es falso; porque el Mohkuku no representa un riesgo o daño real o imaginario para ningún ndowé. Se trata solo de una perturbación angustiosa del ánimo por el desconocimiento de un ente un tanto misterioso.

Al tener como fines hacer cumplir los preceptos emanados de Código del Pueblo Ndowé, el Mohkuku goza de mucha consideración, deferencia, respeto y admiración para los ndowé; por lo que el aprecio y valoración llevan a la manifestación de acatamiento que se asemeja más a una veneración a una deidad o a un ente sagrado.

3.1.8. El uso indebido de la palabra mohkuku cuando se habla de vingangwe

Esta aclaración es necesaria, por la confusión que genera el uso de la palabra *mohkuku* cuando se refiere a *vingangwe*; siendo dos agrupaciones antitéticas: una vela por el bien común del Pueblo Ndowé y otra se dedica a matar con veneno a las personas humanas sean ndowé o no.

El *Mohkuku*, órgano representativo de la Institución Guardiana Ndowé, no tiene que ver nada con el uso indebido de la palbara *mohkuku* para referirse a *vingangwe* (veneno). Parece ser que, el uso de la palabra *mohkuku* para referirse a *vingangwe* vino de los efectos horribles del tóxico empleado, y comparar con la actuación del diablo como espíritu maligno (*mohkuku u beva*); lo que les hacía a los asesinos temidos y se vanagloriaban.

El mal denominado *mohkuku* para *vingangwe* (veneno) es un producto muy tóxico de varias versiones de elaboración casera; es una ponzoña al ser sustancia que tiene en sí cualidades nocivas para la salud o destructivas de la vida humana, con el desarrollo, los asesinos han contado después con la manufactura química de los laboratorios.

Entre los ndowé, la posesión y uso de *vingangwe* (veneno) para matar era de tradición de clan o linaje; por lo que se rumoreaba en la tribu de los que lo poseían. Los descendientes que no estaban dispuesto a aceptar dicha "herencia", por medio de las represalias de ser eliminados, huían a vivir en otras tribus. Aunque es un asunto de clan o linaje, pero a veces personas de este grupo se compinchan con otras del grupo del instinto para matar o instinto asesino, que es simplemente expulsar una intención pura de matar por placer y a sangre fría. Así, todos ellos se constituyen en *moramba a vingangwe* (grupo del veneno), una sociedad secreta peligrosa que va matando sin más.

Los ndowé, por ley natural, el código étnico y la doctrina cristiana, están convencidos de que la vida humana es sagrada (*emênó a mòto èyé vambuèni*), por lo que se merece el máximo respeto, y hay que defenderla y proteger de cualquier abuso o capricho. Por eso, los integrantes de *vingangwe* son tenidos en la comunidad ndowé como "ovejas negras" de la sociedad, por ser asesinos.

Fueron perseguidos siempre por los jefes de tribus coordinados, donde muchos de ellos al amparo del derecho consuetudinario ndowé tuvieron que huir de sus tribus y avecindarse en los territorios de otras tribus; otros prefirieron establecerse en los núcleos de Bome y Nyetye al sur de la desembocadura del río Ekuku, conocidos originariamente como concentraciones de individuos de varias tribus ndowé que se han ido formando desde el último cuarto del siglo XIX, generalmente por razones laborales, por ello el nombre de *Ngaba* (el que trincha el pescado) por la abundancia y calidad de la pesca en la zona; estos asentamientos al no ser reivindicados por la tribu Mooma ni por Mapanga, se autoidentifican como autónomos, y por eso han servido en muchas ocasiones de refugio para los perseguidos por la justicia, expulsados por sus tribus o que huyen por los males cometidos en sus lugares de origen.

Más rigurosos fueron las autoridades coloniales españolas con los miembros de *vingangwe*, que en tiempo del gobernador general (1944-1949) Juan María Bonelli Rubio (1904-1981), en

1944 varios integrantes de *vingangwe* fueron detenidos en diferentes poblados por ndowé y concentrados en Bata, donde fueron juzgados y condenados a muerte en la horca.

Las derivaciones del Código del Pueblo Ndowé

V

1. Introducción

Las derivaciones del Código del Pueblo Ndowé aquí obedecen al efecto de sacar o separar una parte del todo, o de su origen y principio. Son proyecciones de la idea principal en forma de: descendencia, consecuencia, resultado, deducción, ramificación o radicales dispuestos como los radios de una circunferencia con arranque en el centro.

Los aspectos que se tratan no son exclusivos de los ndowé, sino universales muchos de ellos; sin embargo, aquí se abordan en relación a la consideración que los da el hombre ndowé, en base a un código étnico que establece su comportamiento individual y social (*itìndyidi a bòdihpo na uhlàtini*); el cual ha forjado los rasgos, temperamento, carácter y la manera de pensar distintivos y propios de un individuo o de una colectividad, en definitiva, su idiosincrasia (*igwêmbingo*). De este modo, sus aspectos positivos se reflejan en el lenguaje y las actitudes que tiene una persona o grupo en relación al mundo que les rodea y sirve para determinar y conocer a grandes rasgos los valores de un pueblo.

Partiendo de este análisis, estudiamos los valores, los principios, los ideales y convicciones, aspectos en los que el hombre ndowé debe seguir creyendo y practicando como hasta ahora; porque han hecho grandes hombres y forjado grandes pueblos y civilizaciones a lo largo de la historia de la humanidad.

2. LOS VALORES

La axiología o teoría de los valores (*bèpekino*) estudia los valores, y estos son normas que guían la forma de ser, pensar y actuar de los individuos y las sociedades; su utilidad para el hombre a partir de su elección como ser humano, su educación y su determinación como ser de un grupo social fruto de su cultura. Los valores son cualidades o conjunto de cualidades positivas (*bepèkino dyélé bepèkinosenènìhndi*), por las que una persona o grupo de personas son apreciados o bien considerados.

Los valores no son meramente objetivos ni meramente subjetivos, sino ambas cosas a la vez; porque el sujeto valora las cosas y el objeto ofrece un fundamento para ser valorado y apreciado.

Los valores auténticos, asumidos libremente, permiten al ser humano definir con claridad los objetivos de la vida; ayudan a que uno se acepte tal y como es y a estimarse, al tiempo que hacen comprender y estimar a los demás; dan sentido a la vida y facilitan la relación madura y equilibrada con el entorno, con las personas, acontecimientos y cosas, proporcionando un poderoso sentimiento de armonía personal.

Los valores ayudan a despejar los principales interrogantes de la existencia, como: quiénes somos, y qué medios nos pueden conducir al logro de ese objetivo fundamental al que todos aspiramos que es la felicidad.

"El mundo de los valores" constituye la puerta de entrada al "mundo de la trascendencia"; puesto que los valores pueden hacer referencia a una realidad metaempírica o realidad no verificable ni por los sentidos ni por la lógica de la razón.

Algunos de los valores más destacados:

1) La bondad .... *Kêngó*
2) El derecho .... *Ingàmo*
3) La justicia..*Uhàngo*
4) La libertad .... *Uhsòmé*
5) La lealtad .... *Ipêngo*
6) El compromiso .... *Ipàkilo*
7) El amor ....*Itóndé*
8) La igualdad .... *Ipedino*
9) El respeto.. *Idìliyé*
10) La solidaridad...*Ilindyé*
11) La humildad...*Bónó*
12) La sinceridad .... *Pónipóni*
13) La paciencia ....*Ihìka*
14) La honestidad...*Ihumino*
15) La responsabilidad ....*Indêmino*
16) La paz..*Dyòohnga*
17) El civismo ....*Ibàdoatomba*
18) La ayuda..*Ikùtyé*
19) El compartir...*Ekàbana*
20) La gratitud ....*Ekeviyé*
21) La amistad ....*Rômé*
22) La tolerancia...*Imêpila*
23) La equidad .... *Mbirêndyémé*
24) La ley...*Elekanako*

3. Los principios

Los principios (*bessedi*) son conjuntos de valores, creencias, normas y reglas que orientan la acción de un ser o grupo humano; son un soporte de la visión, la misión, la estrategia y los objetivos tácticos. Estos principios se manifiestan y se hacen realidad en nuestra cultura, en nuestra forma de ser, pensar y conducirnos.

Algunos de los principios más destacados:
1) La libertad .... *Uhsòmé*
2) La bondad .... *Kêngó*
3) La ética .... *Ilùkino*
4) La equidad .... *Mbirênyémé*
5) La paz .... *Dyòohnga*
6) La honestidad .... Ihumino
7) La tolerancia .... *Imêpila*
8) La justicia .... *Uhàngo*
9) La solidaridad .... *Ilindyé*
10) La amistad .... *Rômé*
11) La responsabilidad .... *Indêmino*
12) El compromiso .... *Ipàkilo*
13) El respeto .... *Idìliyé*
14) El amar .... *Etóndé*
15) La gratitud .... *Ikeviyé*
16) La caridad .... *Kókó*
17) La piedad .... *Ibêngino*
18) La disciplina .... *Ipèko*

4. Los ideales

El primer gran ideal es el querer ser hombre. Ya nos lo recuerdan muchos ilustres pedagogos en la historia de la educación, y antes Píndaro (518-438 a.C.), el poeta de la Grecia clásica máximo representante de la lírica coral, dijo: "Hombre, llega a ser lo que eres" y, hay que añadir que, tienes que ser el hombre que quieres ser, la clase de hombre que quieres ser, porque has de elegirte hombre para tu realización máxima como tal.

Los ideales son estándares de perfección o excelencia (*be-hphètuinitimiyé dyélé inyatalo*); un conjunto de valores, creencias o ideas de una persona, en especial si rigen su comportamiento ético; son metas de objetivos; representan interés por los cuales una persona es capaz de dedicar toda su vida con tal de lograrlo; impulsan a luchar, a conquistar tierras, a descubrir mundos, a realizar grandes empresas, a emprender difíciles obras, y a otear nuevos horizontes. Los ideales están presentes en la mente de una persona y son capaces de conducirla por la vida hacia los objetivos propuestos.

Los ideales se refieren a:
1) El arquetipo .... *Ehphètuini*
2) El canon .... *Motunda*
3) La excelencia...*Inyatalo*
4) La perfección ....*Itimiyé*
5) El deseo...*Moyega*
6) La ambición .... *Rowa*

5. LAS CONVICCIONES

La palara convicción (*imêmiyê*) viene del latín *convictio* y significa "creencia firme" (*ikàmiyá suliyèni*). Las convicciones son: ideas profundamente arraigadas que rigen el pensamiento o la conductas; el estado de la mente en el que un individuo supone el verdadero conocimiento, o experiencia que tiene acerca de un suceso o cosa; la seguridad que tiene una persona sobre la verdad, sobre lo que cree, sobre lo que piensa, sobre lo que siente; lo referente a la capacidad de creer firmemente en algo, lo que puede influir en la transformación de deseos en hechos; lo relacionado con la creencia pensada, meditado y establecida.

Estas ideas a las que se está fuertemente adherido son generalmente de tres tipos: religiosa, ética y política.

Las convicciones más destacadas:

1) La creencia.. Ikàmiyá
2) La fe .... Iyàmbi
3) La ideología .... Iyànilo
4) La persuasión .... Ndyóhóókó

La transmisión del Código del Pueblo y de sus derivaciones | VI

1. INTRODUCCIÓN

El Código del Pueblo Ndowé junto con sus derivaciones y los conocimientos y habilidades sociales han de ser conservados, mantenidos siempre y no desaparezcan con el paso del tiempo; para ello, han de ser transmitidos de generación en generación. Para poder llevar este cometido a cabo, hay dos vías: la transmisión a través de la educación no formal y la educación informal, y la transmisión a través de los espacios de la palabra. Ello porque, el Pueblo Ndowé, tradicionalmente, no ha contado con una educación formal con instituciones o unidades de gestión tanto administrativa como pedagógica, dedicadas a impartir formación como objetivo fundamental, y marco normativo o conjunto de leyes, normas, decretos, reglamentos, etc., de carácter obligatorio o indicativo que rigen un país.

2. La transmisión a través de la educación no formal y de la educación informal

La transmisión a través de los dos modos que se citan se desarrolla como sigue:

a) La transmisión a través de la educación no formal es un conjunto de procesos, medios y objetivos de instrucción que no están reglados. Es llevada a cabo, generalmente, en el hogar por los padres y demás familiares.

b) Por otra parte, la transmisión a través de la educación informal no cuenta con una infraestructura, se basa en las experiencias entre el medio y la persona, y se da a lo largo de la vida.

3. La transmisión a través de los espacios de la palabra

El espacio de la palabra en las etnias africanas. Algunas etnias africanas tienen por costumbre que los moradores de una aldea disponen de un espacio de la palabra, o un lugar de la palabra (*etêbbé a belômbé, etêbbé a masèbua*), casa de la palabra (*mbàdi a belômbé, mbàdi a masèbua*); un lugar donde se reúnen, hablan de varios temas, y hacen acuerdos entre ellos o con foráneos.

Esto no tiene ningún parecido con las escuelas de filosofía de la antigua Grecia; porque no pretende filosofar: pensar, especular, meditar, reflexionar, razonar o discurrir sobre problemas de la filosofía.

El espacio o lugar de la palabra en los ndowé. El espacio o lugar de la palabra en los ndowé (*ipolo dyélé iboko dya rèbo e tà na ndòwé*) no está determinado en uno solo. Ndowé es uno de los pueblos africanos que tiene este aspecto diversificado, cumpliendo cada uno de ellos su cometido.

El rechazo a la casa de la palabra en los ndowé. Los ndowé no separan la palabra de la vida cotidiana o con el trabajo; fijan que vayan juntos. Por eso, el hecho de no contar con un recinto único destinado a la palabra viene de algún modo determinado en el Código del Pueblo Ndowé de conformidad con los preceptos que definen y regulan la vida de su gente en "el valor del trabajo cotidiano y constante". Así no dar lugar a los espacios que acojan y alimenten a los holgazanes, charlatanes y chismosos de la comunidad.

En la primera mitad del siglo XX y la década de 1960, hubo tímidos intentos de establecer la casa de la palabra (*mbàdi a belômbé, mbàdi a masèbua, móbbé a belômbé, móbbé a masèbua*) en los patios de los poblados de algunas tribus ndowé. Pero no prosperó esta iniciativa que despertó mucha curiosidad y oposición; porque fue rechazada por ser considerada un intento de introducir una costumbre ajena a la idiosincrasia ndowé, al querer agrupar a unos zánganos en un local y alimentarlos obligando a las mujeres a ser servidumbre quienes desde sus cocinas a lo largo del día debían ir suministrándoles la comida.

La transmisión a través de los espacios utilizados para la palabra. Los espacios utilizados para la palabra en los ndowé son generalmente para varones, y son los siguientes: la entrada (*íbongo*) al poblado; las chozas (*mandumu*) de los recintos (*magòmbaló*) de las sociedades iniciáticas; el lugar de reunión de la sociedad secreta representativa; los lugares de reuniones de diferentes grupos secretos; los lugares de reuniones de las sociedades discretas de mujeres; las desembocaduras de los ríos; y el patio del jefe de tribu.

La transmisión en la entrada al poblado. Este espacio se sitúa muy cerca del poblado a menos de 400 metros, en la playa (*ndònddo, mosakka*). Es un lugar por excelencia donde los varones ndowé se reúnen por las mañanas, pero más por las tardes.

Utilizan este espacio para: el recreo, el esparcimiento, ver las condiciones de pesca, dirigirse a las faenas en el mar como pesca o viaje, acondicionar los objetos de pesca, el cuidado de las embarcaciones, practicar deportes, hacer competiciones en las arenas de la playa o en las aguas del mar, contemplar el mar y el horizonte, reflexionar, conversar, y hacer acuerdos.

Desde la entrada al poblado el ndowé contempla el mar (*manga*), un gran espacio de la superficie de la tierra cubierto de masa de agua salada que es toda una filosofía para él, porque: aporta muchos beneficios al planeta y a la vida humana, es una manera de ver el mundo, es el campo que ofrece perspectivas, su horizonte une el cielo y la tierra, une continentes, y hace todo uno.

La transmisión en las chozas de los recintos de las sociedades iniciáticas. Estas sociedades construyen sus chozas cerca del poblado a una distancia no superior a 400 metros.

Son de tres clases:
  a) *Engwelingwèli*, para niños de 7 a 11 años;
  b) *Ukuyó*, acoge a niños desde los 12 años;
  c) *Evàla*, tiene adeptos desde los 15 años.

Su cometido es: inculcar a los niños los valores, principios, ideales y costumbres de la etnia.

Estas sociedades constan también de una parte lúdica; esta es la que es más conocida por el público. Cuenta con creaciones de figuras de divertimento que bailan al son de los cánticos y música en los patios de los poblados llenos de gente.

La transmisión en el lugar de reunión de la sociedad secreta representativa. Los integrantes de esta sociedad secreta, Mohkuku, son mayores de 18 años y son siempre seleccionados; no tienen un lugar determinado para desarrollar sus actividades, por lo que se reúnen al aire libre en el bosque en un lugar discreto y secreto donde nadie los vea ni que puedan llamar la atención, sitios que varían constantemente. Por lo que sus lugares de reuniones son ilocalizables, y no gozan de tener construcción de ningún tipo.

Los adeptos de esta sociedad llevan a cabo el conocimiento del Código del Pueblo con sus derivaciones, así como demás conocimientos y habilidades sociales.

La transmisión en los lugares de reuniones de diferentes grupos secretos. Estos grupos son unas clases de entidades sociales que tienen en común actuar en secreto, sin tener la interdependencia entre ellos. Son conjuntos de personas que interactúan debido a valores, creencias, intereses y normas.

Los lugares de reuniones donde estos grupos celebran sus ceremonias son: al pie de un árbol grande, junto a una liana gigante, en una cueva, en la cima de un monte, en la orilla del mar o río, en una choza, dentro de un habitáculo, y en una embarcación.

Los grupos más importantes.

a) *Los oradores*: adoran, reverencian o rinden culto a un ser que se considera de naturaleza divina;

b) *Los hechiceros*: personas a las que les atribuyen la capacidad de la realidad o la percepción colectiva de esta, de maneras que no responden a una lógica causal;

c) *Los asesinos*: gente criminal, personas que matan o quitan la vida a otras con el arma, el veneno o la astucia.

La transmisión en los lugares de reuniones de las sociedades discretas de las mujeres. Las sociedades discretas integradas solo por mujeres son agrupaciones femeninas que actúan discretamente para conseguir sus objetivos. Esto hace que no sea una cuestión situarlas en un espacio de la palabra. Se destacan dos sociedades de estas: *Ilongha*, en el norte en las tribus Iyasa, Bweko, Eone y Bomudi; y *Gépétó*, en el sur en las tribus Balenge y Benga.

1. *Ilongha*. Es una sociedad muy cerrada. Presenta rasgos de un feminismo adelantado, una reacción contra la discriminación de la mujer en una sociedad machista, donde todo está hecho por los hombres y para los hombres, y las mujeres tenidas por seres relegados a una categoría

inferior. Por ello, se destacan como pretensiones: saber rebelarse cuando fuese necesario ante el poderío de los hombres; rendir culto a la fortaleza y laboriosidad de la mujer; el papel de la mujer en la familia, el clan y la tribu; inculcar el esfuerzo de la mujer para mantener y fortalecer la familia; la curación física y protección espiritual de las personas; transmitir los valores morales y estéticos de las mujeres; saber hacer uso de los encantos femeninos ante situaciones frente a los hombres; cultivar las artimañas para atraer a los varones y retenerlos por mucho tiempo; y exaltar los valores sexuales femeninos y la fertilidad.

2. *Gépétó*. Esta sociedad es muy femenina, en el sentido de que se ocupa mucho de lo propio de la mujer, por eso centra su actividad en su condición: preocupación por el físico femenino; los cuidados físicos para la belleza de la mujer; el valor de los atractivos femeninos en la vida social; ser buenas esposas y buenas amantes; las astucias para seducir a los varones; los cuidados sobre la fertilidad y la maternidad; y las atenciones que debe recibir la mujer después del parto en el período del puerperio (*dyàhye*) para mantenerse hermosa.

La transmisión en las desembocaduras de los ríos. En las orillas de la desembocadura del río al mar, próximo a la entrada al poblado, se reúnen las mujeres adultas y menores por las mañanas, generalmente para la higiene y conversar. Lo hacen muy de prisa, porque luego han de emprender las actividades cotidianas.

La transmisión en el patio del jefe de tribu. En el patio del jefe (*upolo*) de la tribu, es donde se congregan los miembros de la tribu cuando son convocados; para escuchar lo que se les diga según la convocatoria que se haya hecho.

El jefe de la tribu puede convocar a la gente a una reunión en cualquier otro lugar que quiera, como el patio común de un poblado de la tribu.

Las influencias foráneas en el comportamiento ndowé | VII

1. La disputa del territorio ndowé por los países europeos

De acuerdo con la época, los pueblos europeos llegan a África por la "ruta de los navegantes", por el mar. Por esta razón, la situación geográfica de cara al océano Atlántico en que se encontraba ubicada la comunidad ndowé convierte su zona en un enclave estratégico solicitado y disputado por muchos europeos con ansias de construir su poderío.

Varios fueron los pueblos europeos que se disputaron el pueblo ndowé desde 1470 a 1968: Portugal, Holanda, Gran Bretaña, Alemania, Francia y España.

Orden	Período de influencia	País	Gentilicio	Gentilicio en ndowé
1	1470-1778	Portugal	Portugués/es	Putu
2	1600-1700	Holanda	Holandés/es	Kôpini/o
3	1850-1900	Gran Bretaña	Británico	Ngelèyi
4	1868-1918	Alemania	Alemán/es	Dyàmani
5	1842-1900	Francia	Francés/es	Fala
6	1778-1968	España	Español/es	Panyòlé

Países europeos que ocuparon el territorio ndowé

a) El orden de la ocupación de la zona en el cuadro solo afecta a Portugal.

b) Las fechas y períodos tienen valor relativo, por ser solo orientativos; dadas las disputas constantes entre los pretendientes a la zona, lo que creaba un ambiente de confusión.

c) Las fechas de derecho y las reales, y los intereses de unos países y otros en cuanto a la ocupación del territorio, se entrecruzaban constantemente.

d) Las influencias de los diversos países en la región no comprenden a la vez todo el territorio y en un momento; sino solo alcanzan, en algunos casos, unas zonas determinadas, y en ciertas ocasiones la recepción de influencias múltiples a la vez.

e) Mientras la presencia de los pueblos europeos se turnaba constantemente, era evidente la plasmación de su huella cultural en mayor o menor grado, por imposición o necesidad.

Esta circunstancia posibilitó al Pueblo Ndowé, pese al encuentro brutal con que se ha caracterizado la ocupación en la historia, el trato con gente de diversas procedencias: continentes, pueblos, razas, lenguas, religiones, etc., dando lugar en su idiosincrasia a una fuerte crisis de identidad que obligará al cambio de sus esquemas, en muchos aspectos, con sus consiguientes inconvenientes y ventajas.

2. EL CONTACTO CON LOS PUEBLOS EUROPEOS Y SUS EFECTOS EN EL COMPORTAMIENTO NDOWÉ

Con el paso del tiempo, los ndowé empezaron a relacionarse con sus invasores y dominadores europeos, y estos, poco a poco les fueron transmitiendo sus influencias culturales de una u otra forma en la vida de los africanos ndowé: primero con reservas propias de dos desconocidos que no se fían el uno del otro; luego pasaron a contactos esporádicos, que poco a poco fueron evolucionando; finalmente, los contactos pasaron a ser frecuentes, constantes y permanentes. De este modo, las normas y costumbres de estos pueblos europeos fueron pasando a formar parte de la idiosincrasia del hombre y la comunidad ndowé. Varias de estas incorporaciones han enriquecido y modernizado las normas y el comportamiento del Pueblo Ndowé.

Lo dicho obliga a recoger algunos de los aspectos que caracterizan la idiosincrasia de cada uno de los seis pueblos europeos que tuvieron trato con los ndowé, sin olvidar que en el fondo de sus culturas subyacen las culturas greco-romana y hebreo-cristiana con sus concepciones del hombre, la sociedad y el universo físico, etc., los cuales han tenido sus repercusiones en la idiosincrasia ndowé.

2.1. Portugal

El período de influencia portuguesa fue el más notorio en la zona de estuario del Muni hasta Mbini; pero no excluye esto su presencia en el resto del territorio, si bien en muchos de estos lugares se diera de forma anecdótica solo conocida por el negocio de la trata y durante largo tiempo, marcando recuerdos que se han transmitido de generación en generación.

2.2. Holanda

La presencia holandesa tuvo mucha repercusión entre los ndowé, por su largo tiempo dedicado a la cuestión de la trata, conocidos por *Kôpinó, wasambi megwaka* (holandés, traficantes en esclavos), cuyas escenas no son de grata memoria entre los integrantes de esta comunidad.

Desde la última década del siglo XVI, los holandeses comenzaron a frecuentar el litoral comprendido entre el río Eyó y la costa sur del río Muni poblado por los ndowé de las tribus Kombe, Bapuku, Benga y Pongwe. Estos aborígenes en su trato con los negreros en los comercios los llamaron *Kôpini*; porque los veían hablar constantemente el término "Company", refiriéndose a la *West Indies Company* (1621) su empresa negrera, que era su entidad, sociedad, colectividad y tripulación. Desde entonces, el término quedó incorporado en el vocabulario ndowé como glosario (gentilicio), para referirse a los pobladores del país europeo llamado Holanda, Netherland o Países Bajos.

2.3. Gran Bretaña

Desde cuatro lustros antes de 1850, hasta el año 1900 se deja sentir mucho la influencia cultural británica entre los ndowé. Fue muy fuerte porque, pese a ser una en esencia, tenía dos procedencias: los europeos de Gran Bretaña y los americanos de Estados Unidos de América misioneros cristianos presbiterianos que, en el año 1850 a través de reverendo James Love Mackey (1820-1867) en Corisco, empezaron los trabajos de pasar la lengua ndowé oral o ágrafa a escrita.

Estos británicos marcaron bastante a los ndowé su carácter, usos y costumbres, y reforzaron varios de sus valores y principios ancestrales. El idioma europeo con más incorporaciones en la lengua ndowé es el inglés, como consecuencia del impacto de la lengua inglesa entre los ndowé.

El pueblo británico es fiel conservador de su pasado, como ningún otro, respetuoso con la tradición, con apego tenaz a sus instituciones sociales. La experiencia de los siglos es para ellos la piedra de toque de toda la filosofía de la vida. El respeto a la persona humana ocupa el centro de la vida de relación y política; teniendo la máxima vigencia el principio de la libertad individual frente al estado. El británico tiene presente la existencia, el derecho de los demás, y el imperio de la ley

El *gentleman*, forma evolutiva del ideal caballeresco de la Edad Media, hombre correcto, bien educado, es el ideal humano de la educación británica, modelo y aristócrata de la sociedad, de las buenas formas, designado a ser un buen hombre de negocios y de gobierno, "independiente y señor de sí mismo, de ningún modo vil ni estrecho, ni altivo ni insolente, sin mancha de defecto grave", como lo define el filósofo John Locke. La formación del carácter es el ideal de la educación británica; pero el carácter no se concibe como algo estereotipado y artificial, resultado de un simple aprendizaje de buenas costumbres, sino que es algo que nace desde dentro, o sea, el "gentleman engendra gentleman".

Orientar y enseñar a orientarse en la vida es el fin primario de la escuela británica que, más que cultivar el saber superior de una clase de auténticos intelectuales y aristócratas de la cultura, trata de habituar a los individuos a las reglas de la vida en sociedad; de aquí la importancia máxima que se da al estímulo de las cualidades; lealtad, franqueza, decisión, cooperación, etc., necesarias a la honestidad cívica.

El respeto por el otro, por su mundo, y la educación como formación del carácter, aspecto fundamental de la filosofía de la educación británica, es un modelo educativo muy apreciado por el Pueblo Ndowé de cuanto pudieron aprender de ellos. Así, las cualidades como: orden, disciplina, conciencia de clase, lealtad, franqueza y elegancia, son evocados de cuanto ejercieron de ellos. Es corriente escuchar expresiones como. *Besedi èné momu a ngelèyi* (comportamiento como un inglés); que demuestra su admiración por lo británico, a quienes tienen por los hombres de los buenos modelos.

2.4. Alemania

Se enfrenta no con las ideas, sino con los sistemas de ideas, es decir, con las concepciones generales del mundo y de la vida, sometiéndolas a síntesis, a sistematización, y su pedagogía es sistematización de doctrinas, en orden a la creación de cultura, siendo su objetivo la humanidad; por eso los sistemas filosóficos de mayor repercusión en el mundo moderno naces en el territorio germano: Wolfang Ratke, Immanuel Kant, Georg Wilhelm Friedrich Hegel, Martin Heidegger, etc.

El alemán es idealista, místico, esteta, romántico, universal; es el hombre del "imperativo categórico del yo trascendental", del mundo objetivo, del espíritu absoluto. *Los discursos a la nación alemana* de Johann Gottlieb Fichte (1762-1814), despertaron el patriotismo de los alemanes, influido del espíritu de Prusia. La aplicación de la idea hegeliana del estado como "espíritu absoluto", al estado alemán condujo a Alemania, por obra de Bismarck y de Hitler a la concepción de que el pueblo alemán habría de realizar la idea absoluta del dominio mundial, "Bismarck hizo a Alemania más grande, pero a los alemanes más pequeños" dijo Rudolf Christoph Euken (1846-1926); frase que se aplicaría igualmente respecto de Hitler.

La concepción totalitaria de la Alemania nazi pretendió crear un "hombre nuevo", enraizado en su raza y su pasado, pero diferente sin embargo del hombre alemán que le había precedido, desarrollando en él no ya la conciencia nacional sino una voluntad de poder que le preparase para la conquista de Europa y el dominio del mundo. El vivir, trabajar y morir por la patria alemana llegó a ser el más alto ideal propuesto a la juventud.

La casa Woerman, de Hamburgo, basándose en *La colonización comercial* inicial, según la teoría preconizada por el "Canciller de Hierro" Hotto von Bismarck (1815-1898), desde 1868 estableció centros industriales importantes en Douala, Limbe, Bonaveri y Londye, en la zona norte del río Etembo, adonde acudía gran parte de la población ndowé para trabajar, comprar y vender, en definitiva, a hacer riqueza. Esta Casa alemana tuvo establecimientos también en Bata, Mbini, Kogo y Elobey Chico, donde desarrollaron por todo lo alto posible sus labores industriales. Esta influencia duró hasta terminar la Primera Guerra Mundial (1914-1918). Al finalizar la contienda en la que perdió Alemania y con ello la privación de sus colonias en África, varias decenas de sus soldados desplegados en el continente africano que se había refugiado en Guinea, fueron acogidos por el gobierno colonial español y se establecieron en el territorio ndowé conocido por Guinea continental.

El pensamiento alemán alimentó a muchos líderes de la independencia de África y a los padres del panafricanismo; y el concepto de raza y estado de Hitler no estuvo ausente en muchos de ellos, y de los dictadores y tiranos que se proclamaron "padres o salvadores de la patria".

De los alemanes dicen los ndowé, valorar entre otras cosas: su capacidad para el comercio y las negociaciones; su imaginación y trabajo, junto a su poder, espíritu creador y organizador; su planificación estructuradamente organizada para obtener un objetivo determinado; su respeto por las tradiciones ancestrales y el interés por conocerlas e interpretarlas. Los alemanes permitieron a los autóctonos seguir con sus costumbres locales, y administrarlos a través de sus jefes de etnias, tribus y poblados.

2.5. Francia

La presencia de Francia en territorios ndowé se extiende desde un poco antes de 1832, cuando España le concede el derecho de vigilancia de sus costas coloniales de las que el país galo se adueña después, hasta el año 1900 con el Tratado Franco-Español de París sobre los límites de sus posesiones en África Occidental ecuatorial con el título de "Convenio entre España y Francia para la delimitación de las posesiones de ambos países en la costa del Sahara y a del Golfo de Guinea".

Una de las características destacadas de Francia es su actitud crítica frente a las ideas, sometiéndolas a análisis y su pedagogía es, ante todo, organización mental en orden a la creación de ideas; siendo su objetivo el hombre.

La filosofía francesa se distingue por su carácter de abstracción y universalización. Sus filósofos son los creadores de las ideas que rigen la cultura y la civilización modernas. Ellos elaboraron los conceptos de: verdad, razón, imperio del derecho, "los derechos del hombre y del ciudadano", el lema de "libertad, igualdad y fraternidad", la cultura política para la democracia, generalización o universalización de la educación, etc.

Francia es la Escuela de la Ilustración, de la Enciclopedia, del Cosmopolitismo, del Laicismo, del Moralismo, del Positivismo, etc., donde cabe citar nombres como Descartes, Bergson, Rousseau, Montesquieu, Voltaire, Comte, Durkheim, Sartre, etc., que son los representantes franceses de las grandes revoluciones de ideas que alimentan las doctrinas filosóficas, políticas, sociológicas, éticas, pedagógicas de los últimos tiempos.

La educación francesa se preocupa por estimular en el individuo el poder de la creación de las ideas, a lo que se llama *ilustración*, y fomentar el espíritu crítico, el poder de creación personal, y los conocimientos son básicos porque son la palanca para el desarrollo de una actitud personal, crítica que señale la verdadera ilustración. El *hombre ilustrado*, ideal de la educación francesa, es el hombre universal, cosmopolita, erudito, original y creador; es el hombre *racional* que somete a crítica todos los principios de la ciencia, todos los postulados filosóficos, con un afán constante de progreso. Es el hombre menos respetuoso con la tradición que puede existir, frente al británico, siempre dispuesto a la revolución de las ideas, adelantándose a su época. Ese *espíritu crítico* hace que Francia sea el país clásico del laicismo en la educación.

La lengua ndowé cuenta con muchos préstamos asimilados de palabras de origen francés, como consecuencia de las relaciones de los franceses con los ndowé en su territorio, por la presencia muy activa del país galo con varias de sus instituciones y acciones.

Los ndowé, en su trato con los franceses, resumen su idea de Francia en: el país del imperio del derecho y de los derechos del hombre y del ciudadano, por tanto, de la libertad; del lema de la "liberta, igualdad y fraternidad"; que rinde culto al *hombre ilustrado*; que prepara a sus ciudadanos para vivir en democracia, que prepara para el espíritu crítico; el país de las revoluciones, el modernismo, el cosmopolitismo y el laicismo.

3. El contacto con los españoles y sus efectos en el comportamiento ndowé

Pese a que España es uno de los seis pueblos europeos que tuvieron contacto con el Pueblo Ndowé, pero lo estudiamos aparte por el largo tiempo que duró este contacto marcando más su huella en comparación con los otros.

España. Después de adjudicarse los territorios ndowé, juntos con otros del Golfo de Guinea, por el tratado de El Pardo en 1778, tomó posesión de ellos, permaneciendo hasta 1968, *con un total de 190 años*.

a) Una breve presencia efectiva 1778-1784
b) Una larga presencia nominal 1784-1843
c) Una larga presencia variable y discontinua 1843-1900
d) Una larga presencia real, con una tímida e
   indecisa colonización 1900-1968

La irregular presencia de España en estos territorios tentó a otros países europeos a visitarlos y ocupar, así lo hicieron: Gran Bretaña, Alemania y Francia.

3.1. La identidad ndowé y el conglomerado de la colonización

Ndowé es un grupo humano que está formado por varios individuos que comparten unos rasgos comunes; es un conjunto de personas que coordinan sus esfuerzos; en definitiva, es una conjunción de personas cohesionadas que viven en armonía. Pero, el modo de organización de los ndowé como pueblo, unido y cohesionado se vio alterado con la dominación española.

El *conglomerado* de individuos en la sociedad y en la nación, se refiere a la pluralidad de personas en proximidad física institucionalmente hablando, pero sin proximidad real, sin comunicación recíproca, es decir, no interactúan entre sí; son una amalgama de personas distintas.

Con la Conferencia de Berlín sobre el reparto colonial de África en 1884-1885, las potencias coloniales tuvieron que echar mano a la organización social en conglomerado; para facilitar el dominio de las poblaciones aborígenes de los territorios que se habían adjudicado.

El nacionalismo surgió en Europa tras la aparición del concepto de "nación" a finales del siglo XVIII con el sentimiento fervoroso de pertenencia a una nación. Y el conglomerado fue utilizado en el siglo XIX en Europa, por las presiones modernizadoras y centralizadoras de grandes imperios Habsburgo, Rusia y Alemania, que alimentaron en los países de la zona un sentimiento nacionalista caracterizado por el miedo a la aniquilación, motivo de que los movimientos nacionalistas de los que surgieron los checos, húngaros, polacos, eslavos, búlgaros, rumanos, croatas y serbios.

Como fenómeno político y social, el conglomerado sirvió para forjar los nacionalismos, con la unificación de Italia, la unificación de Alemania, y la aparición de nuevos estados en los Balcanes como consecuencia del retroceso del Imperio Turco.

Sin embargo, el conglomerado, poco a poco, se fue debilitando con la progresiva implantación de los regímenes liberales democráticos que se iban organizando.

Las autoridades españolas en su colonia del Golfo de Guinea aplicaron esta clase de organización social. Pero, fue más evidente en el régimen del general Francisco Franco Bahamonde al frente de la jefatura del Estado; quien en su intento de dominar la sociedad tras la Guerra Civil (1936-1939) anulando las identidades territoriales, regionales, idiomas ajenos al español, etc., llevó los mismos esquemas y métodos a la colonia africana.

De este modo, los pueblos aborígenes sometidos, como el ndowé, se vieron casi desposeídos de todo lo suyo: derechos y territorios.

a) En los inicios de organizar un sistema educativo se implantó la *asimilación* de lo español y el rechazo de todo el legado cultural ancestral y, con ello, el desuso de la lengua materna.

b) En lo social, se organizó el conglomerado: primero de las tres etnias de la zona continental ndowé, bissio y fang; y segundo con las otras tres comunidades isleñas bubi, y criolla en la isla de Fernando Póo (ahora Bioko), y ambo en la isla de Annobón.

Todos estos pueblos (ndowé, bissio, fang, bubi, criollo y ambo), sin conocerse, por lo que no habían tenido trato alguno entre ellos, por ello carentes de afinidad, fueron mezclados los unos a los otros; constituyendo una "sociedad modélica" para sus organizadores, pero en realidad un desatino, una sociedad falsa, que llega así a la descolonización con la independencia en 1968. Y de este despropósito se ha encargado el tiempo de demostrar con el resultado de una sociedad incongruente, enfrentada, con unos grupos nacionales y otros excluidos, unos exterminadores y otros exterminados, en definitiva sin paz social, y la entidad nacional calificada por algunos politólogos, juristas y organismos internacionales como un "Estado fallido".

3.2. Notas de la idiosincrasia del pueblo español

La idiosincrasia del pueblo español se refleja en la ordenación axiológica, la preocupación teleológica, el sentido práctico de la vida y la ejemplaridad.

La ordenación axiológica (valores). Consiste en que configura la cultura sometiéndola apasionadamente a ordenación de valores de la proyección de su pasión, forja y modela; por eso su afán incontenible de cristianizar y civilizar a la española, imprimiendo las propias formas de vida, de hacer imperio, así definiendo la Hispanidad como "unidad de destino en lo universal".

La preocupación teleológica (fines). Se manifiesta en la lucha por un ideal, que queda patente en sus múltiples empresas o tareas nacionales e individuales. Es la virtud y fuerza que le hace atravesar mares y continentes; forjar imperios materiales y espirituales; estimula a los guerreros y misioneros; conmueve a una vida espiritual.

El sentido práctico de la vida. Este realismo se ha proyectado al hombre no solo como utilitario y pragmático, sino también como algo que tiene sentido de medio para la consecución de todos los fines, inclusive los fines últimos de la trascendencia humana.

De esta filosofía práctica de la vida, se recuerda a figuras como: Lucio Anneo Seneca, en su *El hombre práctico*, con la máxima de "no aprender para la escuela sino para la vida" o "la virtud eleva al hombre ocupando el primer lugar en sus afanes"; Juan Luis Vives March, en su *De tradendis disciplinis*, con la "acción se encamina a la virtud, al recto pensar, al recto vivir", etc.

La ejemplaridad. La ejemplaridad como meta de vivir práctico en función de los fines últimos, y que caracteriza antropológicamente a la educación española como "voluntad de perfección". Esta ejemplaridad se plasma en el caballero español, y en las notas de su *ethos*, puede resumirse así: honor, heroísmo, pasión, generosidad, austeridad, religiosidad, personalismo, etc.

3.3. El derecho y la justicia aplicados por España a los ndowé en Guinea

Después de la ocupación violenta de los inicios, con el paso del tiempo, era necesario ir incorporando las instituciones metropolitanas en la colonia. De este modo, aunque demasiado tarde,

España quiso establecer ligeros esquemas sobre el derecho y la justicia en los territorios bajo su dominio en el Golfo de Guinea.

3.4. El derecho

Intentar definir el derecho es una tarea compleja y llena de dificultades, vinculada a diversas concepciones y corrientes de pensamiento desarrolladas a lo largo del tiempo. La palabra *derecho* se utiliza con sentidos diferentes: un conjunto de normas que pretenden organizar la vida social; un sinónimo de ley; una facultad o poder que es reconocido; la ciencia que trata sobre el derecho; los derechos, en sentido subjetivo o derechos subjetivos, como suelen ser denominados en algunas lenguas para diferenciarlos del derecho como sistema normativo objetivo (inglés: *rights y law*).

El derecho es un fenómeno social que actúa dentro de un grupo determinado, con el fin de regular las acciones de los miembros del mismo; pero el derecho, a su vez, es un conjunto de normas que regulan las relaciones sociales; establece unos deberes externos y regula las acciones que afectan al bienestar de terceras personas o les causan perjuicios.

El derecho no es moral, porque esta está formada por un conjunto de normas que proceden del mismo individuo, y que se refieren a acciones en las que interviene el mismo sujeto; pues, si repercuten en otro entran en el campo del derecho. En derecho se pueden imponer sanciones determinadas, mientras que en la moral las sanciones más indeterminadas son internas y se manifiestan en el sentido de culpa, frustración o remordimiento de conciencia de un individuo. El derecho se puede imponer en contra de la voluntad del destinatario siempre que el uso de la fuerza proceda de la intervención de un órgano autorizado para ello; mientras que la moral no. Imponer un pensamiento moralmente diferente de lo regulado en derecho o sin seguir las vías establecidas por este es actuar en contra del derecho.

Pese a las diferencias entre el derecho y la moral, el derecho de una sociedad refleja las actitudes morales de gran parte de su población; el derecho refuerza estas actitudes para asegurar la convivencia. Pero no todas las normas jurídicas son normas morales, las hay que no tienen incidencia moral, e incluso contrarias a la moral dominante.

3.4.1. Derechos humanos

Los derechos humanos son derechos en sentido moral que se considera que tienen todos aquellos que cumplan con la condición de ser humano. Se afirma así que los derechos humanos son universales, se adscriben a todos los seres humanos sin excepción; se dice de ellos también que son derechos inalienables en cuanto que no son renunciables ni siquiera por decisión de su propio titular; y se afirma asimismo que son absolutos, en el sentido de que se trata de exigencias morales tan fuertes que tienden a sobreponerse a cualquier otra pretensión moral. Encuentran su formulación histórica originaria del derecho natural racionalista como derechos naturales, y su primera expresión en las declaraciones de los derechos de finales del siglo XVIII; desde los *Bills of Rights* americanos hasta la declaración francesa de 1789.

Con el paso del tiempo, los derechos humanos no tienden ya a concebirse como derechos naturales, sino como derechos derivados de una exigencia ética constitutiva de la dignidad humana, y se apela a ellos tal como están formulados en las grandes declaraciones internacionales, principalmente la *Declaración Universal de Derechos Humanos* de 10 de diciembre de 1948, patrocinada por la Organización de las Naciones Unidas. El elenco de los derechos humanos es variado: derechos relativos a la vida, a la integridad física, libertades públicas, derechos de participación política, y derechos de contenido económico, social y cultural. En un primer momento los derechos humanos se concibieron como ámbitos de protección del ser humano con respecto al poder del estado y del gobierno, pero luego se extendieron también frente a los particulares y sus acciones.

3.4.2. Derecho natural

El derecho natural es una teoría que afirma la necesaria relación entre moral y derecho, se usa también frecuentemente para hacer referencia a ese código de valores morales; es la teoría ética que afirma la existencia de valores morales objetivos y cognoscibles que, caso de ser ignorados por el derecho positivo vigente, determinan que este pierda incluso su propia naturaleza de derecho. Como teoría, el derecho natural ha tenido una presencia recurrente a lo largo de la historia del pensamiento.

3.4.3. Derecho consuetudinario

Consuetudinario se aplica a lo que es de costumbre (lat. *consuetudine*, costumbre). En derecho, se refiere a los usos y costumbres jurídicos de un país, región, comarca o lugar, que adquieren la fuerza de ley. El derecho consuetudinario puede ser admitido en el ordenamiento normativo (y también no aceptado). En algunos países que son estados modernos, está expresamente en el código civil; en otros con carácter subsidiario a la ley y siempre que se pruebe y no sea contrario a la moral o al orden público.

3.5. El Patronato de Indígenas

El patronato es un organismo autónomo de carácter institucional, al que se adscriben fondos públicos y privados para el cumplimiento de fines específicos de ente que los crea. Y con este criterio, el Gobierno español previó la creación del Patronato de Indígenas en el Estatuto Orgánico de la Administración Local de 11 de julio de 1904, que no llegó a materializarse hasta el Real

Decreto de 11 de julio de 1928, con la redacción de sus primeros y definidores estatutos, que recogían a todos los negros no emancipados, clase social que encontraba su institucionalización y reglamentación; donde todo indígena no emancipado quedaba bajo protección y tutela del Patronato de Indígenas y mediante el cual podía acudir en caso de petición de algo o queja.

La finalidad del Patronato de Indígenas era fomentar la "moralidad y cultura entre nativos de Guinea", así como su adhesión a España; un intento de promocionar social, cultural y económicamente a los aborígenes, inspirándose en las Leyes Indias.

Quedan fuera de la protección del Patronato de Indígenas, aquellos negros que "su grado de cultura, educación y moralidad hayan obtenido carta de emancipación individual, o pertenezca a una familia que por su formación, independencia económica y costumbres, la obtengan familiar, siempre que viva el cabeza de familia y se encuentren bajo su protección y amparo". Estos eran solo los procedentes o descendientes de: Cuba, Haití, Jamaica, Estados Unidos de América, Liberia, Sierra Leona y Benín, los únicos que aquella época reunían las condiciones de cultura, educación, moralidad y un nivel de vida más de acuerdo con las exigencias del momento.

Desde 1904 hasta 1932 la presidencia del Patronato de Indígenas correspondía a la Prefectura de Fernando Póo elevada a Vicariato Apostólico en 1904, siendo nombrado Armengol Coll como primer Vicario Apostólico y Obispo titular de Tiquica. Desde 1932 a 1937 la presidencia del Patronato de Indígenas pasó al Gobernador General; del 9 de agosto de 1937 se devolvía la presidencia del Patronato de Indígenas al Obispo.

Por Decreto de 27 de agosto de 1938, la presidencia del Patronato de Indígenas pasaba de nuevo a la autoridad del Gobernador General, en su calidad de máximo representante del Gobierno español con capacidad de decisión en la totalidad de la política colonial; así llevar a cabo el nuevo impulso de este órgano de asistencia del Estado que utiliza el Gobierno para secundar y extender la colonización.

El 29 de septiembre de 1938 se reforma el estatuto del Patronato de Indígenas, con el fin de darle un nuevo impulso de acuerdo a los tiempos y las necesidades del país, aumentando así la asistencia y protección a los aspectos espiritual, jurídico y material. Para ello, no basta suplir las carencias, sino debe atenderse con el fomento de la cultura, su moralidad, principios de la doctrina cristiana y amor a España.

Con esta concepción de Guinea y de los guineanos el nuevo estatuto del Patronato de Indígenas contemplaba que el Gobernador General designaba al presidente del Patronato y se regía mediante una Junta o Asamblea de Patronos que se componía de Representantes de la Iglesia, algunos Jefes de Servicios Oficiales e Indígenas, o sea: un Presidente, un Secretario; siete miembros fijos que eran, el Registrador de la Propiedad, el Director-Inspector de Enseñanza Primaria, el Jefe de Sanidad, el Jefe de Agricultura, el Delegado del Ministerio de Hacienda, el Curador y el Vicario Apostólico; tres miembros elegidos como representantes de los agricultores, comerciantes e industriales; y tres negros emancipados.

El estatuto estableció la intervención del Patronato de Indígenas en tres secciones de actuaciones o comisiones: la comisión de Curandería, la comisión de Beneficencia y Enseñanza, y la comisión de Economía y Previsión.

3.5.1. La Curaduría

El *curador* es la persona física o jurídica designada para cuidar de los bienes o negocios del menor, de algunos incapacitados o del ausente, ejerciendo la curatela. *Curatela* es el régimen de asistencia a determinadas personas, cuya capacidad de obrar está limitada. *Curaduría* es la persona jurídica designada para ocuparse del cuidado de los bienes o negocios de las personas físicas con capacidad de obrar limitada.

La *Curaduría Colonial* fue creada en 1901, con el cometido de vigilancia y orientación del trabajo indígena, al ser considerado carente de capacidad jurídica, y el Patronato de Indígenas creado en 1904, casi con los mismos cometidos sobre el indígena. Por lo que las dos instituciones entraron pronto en polémica de competencias; hasta que se reorganiza el Patronato en 1928 y definitivamente en 1938.

La comisión de la Curaduría es la encargada de velar por el curatelado. De este modo, se responsabiliza de las primeras gestiones para la "emancipación" de algunos negros; proteger a los indígenas no emancipados, completando o suponiendo su capacidad para ejercitar un derecho determinado o en los actos que ellos no podían resolver por sí solos. Por eso, en caso de necesidad, por conflicto o por transacción con otra persona física con todos los derechos de ciudadano español, reivindicaba su derecho de tutela del patronato, el cual adoptaba de inmediato y directamente el caso y se presentaba mediante los miembros curadores ante el tribunal, organismo o la otra parte para la transacción.

3.6. La justicia como fin y como esencia del derecho

Definir justicia es una tarea compleja; pues el concepto puede entenderse de muchas maneras, tanto por el componente humano subjetivo e histórico, como por la función que la idea de justicia desempeña en la configuración de las distintas ideologías.

La justicia tiene una enorme trascendencia para la organización de la vida colectiva y social; pues el derecho ordena la sociedad y armoniza los distintos intereses contrapuestos. Sin la justicia que marque unos parámetros legitimadores se rompe el equilibrio del grupo y no se logra la paz social que debe perseguir el derecho.

La propensión del ser humano a la búsqueda de unos principios jurídicos o valores objetivos que justifiquen la ética del derecho, al margen de la arbitrariedad de los gobernantes ha sido la base de la idea de justicia como criterio supremo de legitimación del derecho positivo. Por lo tanto, se considera la justicia como uno de los grandes objetivos inherentes al derecho.

Históricamente, la justicia ha sido considerada como virtud universal comprensiva y principio armónico ordenador de todas las demás virtudes. Como principio y núcleo central de la moralidad, ha sido reconocida y aceptada también como el criterio determinador de la legitimación ética del derecho, tanto en su creación y desarrollo como en su aplicación. Este concepto de justicia procede de los clásicos griegos (Platón y Aristóteles), y ha llegado hasta la modernidad a través de los juristas romanos y de los grandes pensadores de la Edad Media, principalmente vinculados a la escolástica como Santo Tomás de Aquino.

La justicia sigue siendo el principio informador del derecho, su meta de orientación, su paradigma y su medida de legitimación. Si bien, el derecho viene determinado por la justicia, constituye el vehículo necesario para que esta se manifieste en las relaciones sociales. La justicia está fuera y por encima del derecho, pero también está dentro de él; la justicia es al mismo tiempo el molde del derecho y su columna vertebral.

En una sociedad en la que los intereses sociales y económicos son tan diferentes, si los criterios de justicia son plurales y no siempre coincidentes, la existencia del derecho parece imponerse como necesaria para lograr un orden e instaurar una organización social. El orden que establece el derecho en una sociedad constituye un modo regular de proceder y de situar los diferentes intereses y valores, si bien al propio derecho le interesa que el orden implantado a través de sus normas sea el mejor y el más justo posible, para su validez, eficacia y vigencia. El problema del derecho justo es que el contenido de la justicia está sometido a los avatares y las necesidades de las propias convicciones éticas de los hombres en cada momento histórico.

Por su parte, la justicia como esencia del derecho se refiere a que la justicia y el derecho son dos conceptos que mutuamente se determinan; sin embargo, desde diferentes posiciones filosóficas se ha planteado si la justicia es un elemento esencial del derecho. El derecho, que actúa en la organización social como instrumento de realización de las exigencias de la justicia, debería ser justo en sí mismo; de ahí que la doctrina predominante conciba la justicia como principio informador del derecho, tesis no unánimemente compartida.

Aun aceptando que todo derecho válidamente establecido es el derecho en sentido estricto y que la presencia de injusticia, inmoralidad o incorrección de sus contenidos no le priva de su carácter jurídico; ello no impide considerar que el derecho, entendido como sistema normativo coactivo e institucionalizado, tenga que ser justo y que la justicia no puede utilizarse como criterio de valoración de este orden normativo ni impide sostener que dicho orden deba encaminarse a la satisfacción de la justicia.

Este planteamiento ha comportado muchas discusiones en la doctrina jurídica. Se enfrentan, sobre todo, dos posturas extremas: la de quienes niegan la pertinencia de incluir cualquier elemento metajurídico como el de justicia en el concepto de derecho, y la de quienes afirman la necesidad de dicha inclusión en la definición del derecho.

Para los positivistas, la justicia o injusticia de una norma es indiferente; en una posición opuesta, el iusnaturalismo defiende una conexión esencial entre justicia y derecho, de tal manera que este no puede definirse al margen de la justicia, la cual constituye el requisito esencial de toda norma jurídica y es el principio específico que informa la regulación de las relaciones sociales. Por tanto, desde esta posición se considera que el derecho que no es justo no es un derecho válido.

Entre el positivismo y el iusnaturalismo, se sitúa el neokantismo, una corriente que considera que la justicia es un modelo ideal a cuya realización ha de tender todo orden jurídico. Dado que es imposible que ningún derecho positivo sea absolutamente justo, la realización total de la justicia no es esencial para la determinación del concepto de derecho. Por consiguiente, se admite que existan derechos que no realicen plenamente la justicia, siempre y cuando tengan como objetivo la consecución de lo justo.

La justicia juega un importante papel en las relaciones sociales que se producen entre los entes colectivos organizados y sus propios miembros y entre las particulares entre sí. Y la equidad consiste en la adaptación del derecho a las particularidades de cada caso concreto, con lo que se evita una interpretación rígida de los preceptos legales.

3.7. Primeras consideraciones sobre la justicia en la colonización de Guinea

Aunque en la colonización española la justicia no gozó de la prioridad como es de tradición en el mundo anglosajón, la implantación de la actividad judicial en Guinea preocupó a España desde el último cuarto de siglo XIX.

1) El Decreto del 28 de octubre de 1872, intenta establecer uno de los primeros Estatutos Orgánicos de la Administración de la colonia; en el artículo 7, se refiere al aspecto judicial y designa al Gobernador General los poderes de Juez de Paz y de Primera Instancia.

2) El Decreto de 28 de noviembre de 1880, anula las funciones de Juez de Paz y de Primera Instancia del Gobernador

General; pero se le reconoce la capacidad de nombrar el Juez Municipal de Santa Isabel, entre los españoles con bienes que tengan dos años de residencia en la colonia y que supieran leer y escribir.

3) El Estatuto Orgánico de 1888, vino a ratificar lo ya esta-blecido en el Decreto de 28 de noviembre de 1880.

4) Una Disposición de 1905, establecía que el Subgobernador de la isla de Elobey Chico y el Subgobernador de Bata, así como los Administradores de las Demarcaciones de Bata, Asobla, Annobón, San Carlos y Concepción, se encargaran de las funciones de Juez de Primera Instancia y de Juez Municipal.

5) La Real Orden de 31 de enero de 1907, facultaba a las autoridades coloniales solucionar el derecho a hablar de los problemas de la sociedad indígena.

6) El Decreto de 7 de marzo de 1912, vino a afrontar los pro-blemas que afectaban a la justicia surgida entre braceros que pasaban a ser vistos en la Curaduría Colonial.

En estos primeros intentos de organizar la actividad judicial en Guinea, prevalece la imposición de la doctrina española. No se tiene en cuenta las culturas africanas reflejadas en las etnias que integran la colonia y, por tanto, no hay justicia consuetudinaria. La justicia no es igual entre blancos y negros, donde estos últimos son discriminados.

3.7.1. Organización de la Justicia Indígena en los Territo-rios Españoles del Golfo de Guinea desde 1938

El Decreto del 10 de noviembre de 1938, Boletín Oficial del Estado de 15 de enero de 1939, establece la Organización de la Justicia Indígena en los Territorios Españoles del Golfo de Guinea.

3.7.2. Las razones del Decreto

La organización de la justicia de raza en los Territorios Españoles del Golfo de Guinea es problema que, a pesar de su notoria importancia, ha sido descuidada injustificadamente a través de los años, aunque imperiosas exigencias de la realidad hayan impuesto que la necesidad se entienda conforme a normas consuetudinarias y variables que, aparte de no ofrecer garantías de acierto, engendraron, por su falta de autoridad, enojosas cuestiones de competencia entre las autoridades administrativas y las judiciales. Se intenta ahora iniciar la reforma, dotando a la colonia de un sencillo Estatuto que, recogiendo y ordenando lo que en muchos casos ya se practicaba, otorgue a esa práctica confusa y nada uniforme el imperio de un precepto legal y la claridad y concreción de una norma general y obligatoria.

De este modo, con las enseñanzas de la experiencia adquirida, se acomete la restauración de la justicia indígena sobre bases que esquemáticamente señalan cómo ha de ser organizada, el campo a que ha de extenderse su jurisdicción, su competencia, sus grados, las normas que ha de aplicar y el procedimiento a que ha de someterse su actuación.

Lo modesto de las realizaciones no resta importancia a la obra misma, en la que una vez más se revela el propósito de enderezar las actividades de la colonia por caminos de progreso y vías de eficacia, sin rendir exagerado tributo a novedades que, cuando se apoyan en la experiencia o se conciben con dudosa oportunidad, no conducen sino a introducir confusión allí donde la claridad debe reinar con el subsiguiente fracaso de la poca meditada iniciativa.

Texto articulado del Decreto

Capítulo I: De la justicia

Art. 1º. La justicia indígena se administrará en los Territorios Españoles del Golfo de Guinea en nombre del Estado español.

Art. 2º. A esos efectos, se considerarán divididos dichos territorios en dos distritos: Fernando Póo y Guinea Continental. El primero comprenderá la isla de Fernando Póo y el segundo la Guinea Continental, la isla de Elobey, la de Corisco e islotes adyacentes y la de Annobón.

Art. 3º. La potestad de administrar la justicia indígena en materia civil y criminal, juzgando y haciendo ejecutar lo juzgado, corresponde exclusivamente a los Jueces y Tribunales a que esta disposición se refiere, según las normas que determinan su especial competencia y con absoluta independencia de cualquier otra autoridad.

Art. 4º La jurisdicción de estos Tribunales sólo se extiende, en materia civil y criminal, a los indígenas no emancipados.

En consecuencia, no entenderán en la investigación y represión de hechos punibles en que aparezcan como responsables o perjudicados por cualquier concepto, individuos de raza blanca o indígenas emancipados, aunque existan otros inculpados que sean justiciables de dichos Tribunales.

Tampoco conocerán de los litigios civiles en que sean parte como demandados o por cualquier otro concepto, individuos sometidos a Tribunales europeos.

Capítulo II: De los justiciables

Art. 5º. Serán justiciables de estos Tribunales, los indígenas de nuestros territorios en quienes no concurra la condición legal de emancipados, y los del África Ecuatorial que se hallen avecindados en los mismos, o residan en ellos por razón de un contrato de trabajo o por poseer bienes inmuebles, y no gocen de plena capacidad jurídica según su estatuto personal.

Art. 6º. Tendrán la condición legal de emancipados y no están, por tanto, sujetos a estos Tribunales.

- Los que, conforme a las disposiciones vigentes, hayan obtenido carta de emancipación.
- Los que posean título profesional o académico, expedido por Universidad, Instituto u otro centro oficial español.
- Los que se hallen empleados durante dos años en un establecimiento agrícola o industrial, con sueldo igual o superior a 5.000 pesetas anuales.
- Los que estén al servicio del Estado o de los Consejos de Vecinos, con una categoría igual o equivalente a la de Auxiliar indígena mayor asimilada.
- La esposa e hijos del que obtenga carta de emancipado o le corresponda de pleno derecho, gozará de la capacidad que las Leyes españolas les otorgan en relación con el jefe de familia.

Capítulo III: De las normas de derecho aplicables por estos Tribunales

Art. 7º. Los Tribunales de raza dictarán sus resoluciones atendiéndose a la costumbre comúnmente admitida, siempre que no sea contraría al orden público, a los principios de la moral o a la acción civilizadora del Estado español.

Art. 8º. En virtud de lo anteriormente dispuesto, quedan terminantemente prohibidas las penas del Talión, las de mutilación y, en general, aquellas que sean manifiestamente inhumanas o contrarias al espíritu en que se inspiran las ordenaciones penales españolas.

Art. 9. Lo mismo en materia criminal que en materia civil, los Tribunales Indígenas, sin perjuicio de la aplicación de la costumbre, procurarán modelar y completar sus prescripciones, de suerte que lentamente se infiltre en la

Legislación del país la que aplican los Tribunales europeos para la sanción de los hechos delictivos o para la resolución, en vía contenciosa de los conflictos que resuelve el derecho privado.

Capítulo IV: De la planta, organización y competencia de los Tribunales Indígenas

Art 10º. Por razón de su jerarquía y competencia, los Tribunales Indígenas serán de tres grados.

a) Tribunales de demarcación;

b) Tribunales de distritos;

c) Tribunal Superior Indígena.

Art. 11º. Los Tribunales de demarcación serán tantos como sean las demarcaciones territoriales establecidas o que puedan establecerse; dos, los distritos, que radicarán en Santa Isabel y Bata, y uno el Tribunal Superior, que radicará en aquella capital, como sede del Gobierno.

Art. 12º. Los Tribunales de demarcación se compondrán de seis Jefes de poblado en el Continente y dos en la isla de Fernando Póo, presididos por la superior autoridad administrativa de la demarcación misma.

Los de distrito estarán compuestos de dos Jefes de poblado y el juez del respectivo distrito.

El Tribunal Superior Indígena estará integrado por el Juez de Primera Instancia de Santa Isabel de Fernando Póo, como Presidente, y dos adjuntos, que habrán de ser precisamente indígenas emancipados, nombrándose dos con residencia en Fernando Póo y otros dos en la Guinea Continental, que exclusivamente entenderán en los asuntos de sus respectivos distritos.

Art. 13º. Los Vocales de estos Tribunales serán designados por el Gobernador General, a propuesta del Presidente del Tribunal Superior Indígena.

Su mandato durará dos años y se renovarán por mitad cada año.

Con los mismos requisitos y por igual tiempo se nombrarán Vocales suplentes, cuyo número nunca podrá ser superior al de los Vocales propietarios.

La sustitución de los Presidentes corresponderá al que con arreglo a derecho, haya de sustituirles en sus funciones peculiares.

Art. 14º. La representación del Ministerio Fiscal ante el Tribunal Superior Indígena y los de distritos, estará a cargo de los que ejerzan esa función ante los respectivos Tribunales europeos.

Art. 15º. Actuará como Secretario del Tribunal Superior Indígena el que lo sea del Juzgado de Primera Instancia de Santa Isabel. Los Secretarios de los actuales juzgados municipales lo serán de los Tribunales de distritos.

El cargo de Secretario de los Tribunales de demarcación será desempeñado por el funcionario administrativo de mayor categoría que en ella ejerza sus funciones y, en igualdad de categorías, el de mayor antigüedad.

Art. 16º. Los Tribunales de demarcación conocerán:

• En materia civil de las cuestiones de familia o estado civil, cualquiera sea su cuantía, y de las de propiedad, si no exceden de quinientas pesetas.

• En materia penal: de los derechos punibles contra la propiedad, de cuantía inferior a quinientas pesetas, y de las lesiones cuya duración no exceda de un mes.

En todo caso, las sanciones que impongan conforme a la costumbre establecida, no podrán exceder si fuesen privativas de libertad, de un año, ni mil pesetas, si la sanción fuere pecuniaria.

Art. 17º. Los Tribunales de distrito conocerán:

- En materia civil: de las reclamaciones no comprendidas en el apartado a) del artículo anterior, por cuantía que exceda de quinientas pesetas, y de los recursos de apelación que se interpongan contra las sentencias dictadas por los Tribunales de demarcación.
- En materia penal: de los recursos de apelación que se suscite contra las sentencias dictadas por los Tribunales inferiores.

Los Presidentes de los Tribunales de distrito serán los encargados de instruir sumarios por hechos punibles de que haya de conocer el Tribunal Superior Indígena.

Art. 18º. El Tribunal Superior Indígena conocerá:

- En materia civil: de los recursos de revisión contra las sentencias que el Tribunal de distrito dicte.
- En materia penal: y en única instancia, de los sumarios que por hechos punibles de su competencia instruyan los Presidentes de Tribunales de los distritos.

Art. 19º. Las decisiones que el Tribunal Superior de Justicia indígena dicte en materia civil y criminal, sentarán jurisprudencia para su aplicación dentro de la colonia por los Tribunales Indígenas inferiores, a cuyo efecto, y sin perjuicio de otros procedimientos de publicidad, se insertarán, literalmente o en la forma que aquella Autoridad judicial superior disponga en el Boletín Oficial de los Territorios Españoles del Golfo de Guinea.

Capítulo V: Del procedimiento ante los Tribunales Indígenas

Art. 20º. El procedimiento ante los Tribunales de demarcación, será el establecido por la costumbre, pudiendo formularse las reclamaciones verbalmente o por escrito.

Las resoluciones dictadas, se registrarán en un libro llamado "de palabras", y del asiento que en él se extienda, se entregará copia a las partes que lo soliciten.

No obstante lo dispuesto en los anteriores párrafos, el Presidente del Tribunal Superior Indígena, cuando así lo aconsejen las enseñanzas de las experiencias, bien sea por consecuencia de los recursos en que intervenga, bien de su propio motivo, podrá trazar sencillas normas procesales que, sin alterar substancialmente lo que la costumbre establezca a ese respecto, procuren la uniformidad de las prácticas consuetudinarias.

Art. 21º. El procedimiento ante el Tribunal Superior Indígena y los de distrito se inspirará inexcusablemente en los principios generales de la legislación española, que desarrollará en unas normas que alejen toda complicación rituaria el Presidente del Tribunal Superior Indígena, comunicándolas por una o varias circulares a los Tribunales de distritos, y teniéndolas en cuenta para la actuación del propio Tribunal por él presidido.

Art. 22º. Serán, sin embargo, de obligatorio cumplimiento las siguientes reglas:

- Todo ciudadano, y erario especialmente el funcionario público o agentes de la Autoridad, vienen obligados a denunciar ante los Tribunales Indígenas los hechos en que intervengan o que por cualquier conducto, lleguen a su conocimiento y estén dentro de la competencia de dichos Tribunales.

- Los acusados deberán comparecer ante el Tribunal correspondiente; alegarán en él los razonamientos que estimen pertinentes y propondrán los medios de prueba que conduzcan a la justificación del derecho de que se crean asistidos.

- Si el acusado no compareciese al llamamiento del Tribunal o no fuere habido, se le juzgará en rebeldía: pero si ulteriormente compareciese o fuese habido, podrá solicitar y obtener la apertura del juicio para que se le juzgue con su presencia y con todo género de garantías.

Siempre que una de las partes, previamente citada, no compareciese ante el Tribunal, podrá su Presidente decretar la detención.

Art. 23º. Los Presidentes de los Tribunales de distrito podrán interesar de la Autoridad gubernativa competente de la detención de los inculpados. Los de los Tribunales de demarcación podrán reclamar el auxilio de la Guardia Colonial en la forma establecida por la costumbre.

Art. 24º. En el acto de comunicar la sentencia al interesado, el Presidente del Tribunal le requerirá para que manifieste si se conforma o no con ella, y si no se conformare, le instruirá de la posibilidad de formular recurso ante el superior inmediato y de la naturaleza del acto.

Los así requeridos, dentro de los ocho días siguientes a la notificación, si se trata de un asunto criminal, o de treinta, si el asunto fuera civil, contestarán el requerimiento, y si de la contestación resultare su voluntad de recurrir, se remitirán los antecedentes al Tribunal Superior para que conozca del recurso.

Este convocará a las partes a una nueva comparecencia, en que podrá reproducirse sucintamente las alegaciones hechas ante el Tribunal inferior, siendo lícito al de apelación, para fundamentar el fallo; practicar por sí u ordenador la práctica de pruebas, aunque no se hubieran solicitado por ninguna de las partes.

En caso de ausencia de la parte condenada, el plazo para interponer el recurso será de noventa días, contados desde el siguiente al que se notifique el fallo recaído en el jefe del poblado donde habitualmente residiera el interesado.

En caso de apelación promovida en materia criminal, los condenados quedarán a disposición del Tribunal Superior, así como los efectos e instrumentos del delito, si los hubiere.

Art. 25°. El Tribunal que conoció del asunto en primera instancia, será el encargado de la ejecución de la sentencia luego que sea firme.

Para la ejecución, así en materia civil como en materia criminal, seguirá el Tribunal las normas consuetudinarias y podrá requerir el auxilio de la Autoridad gubernativa.

Esta será también la encargada de cumplir las prescripciones del Tribunal, en punto a la ejecución de las penas privativas de libertad.

Art. 26°. Sin perjuicio de la independencia de los Tribunales Indígenas para todo lo que se relacione con el ejercicio de la misión que por este decreto les está atribuida, mantendrán con el Patronato de Indígenas y sus instituciones la comunicación obligada para el cumplimiento de los fines asignados a dicho organismo superior tutelar.

También podrá el Patronato exponer al Presidente del Tribunal Superior Indígena, aquellas deficiencias que la práctica señale y las mejoras que convenga establecer para la administración de justicia por los Tribunales de raza.

Incumbe al presidente del Tribunal Superior Indígena recoger esas sugerencias, con propuesta de las reformas que, en su caso, hayan de someterse al Gobierno, a quien, en el primer mes de cada año, y por conducto del Gobernador de la colonia, elevará una detallada Memoria sobre la actuación de esta jurisdicción de raza durante el año anterior.

3.7.3. Glosa al Decreto de la Organización de la Justicia Indígena en los Territorios Españoles del Golfo de Guinea.

Conviene pensar que esta iniciativa no fue solo por imitar las Leyes Indias, que iluminaron algunas obras de la colonización de Guinea. El preámbulo, presentación, justificación o razones del Decreto, explica a su modo lo que puede: pero no todo lo que es necesario sobre él.

Todavía en Guerra Civil, el estrenado régimen del general Francisco franco Bahamonde, paralela a la doctrina del derecho y justicia españoles, organizó unas consideraciones jurídico-administrativas de la justicia consuetudinaria del país o región de Guinea, o sea, la justicia de raza en los Territorios Españoles del Golfo de Guinea. Sorprende mucho que: había transcurrido nada menos que 160 años desde que a España le habían cedido y había ocupado estos territorios; habían pasado gobiernos democráticos con ilustrados de monarquía y república sin acometer este asunto; y a un régimen militar de un general golpista se le ocurre emprender una obra de esta categoría.

El enfoque de la colonización española en Guinea no era adaptativo ni mixto, sino asimilacionista; españolizar, esto es, hacer a los guineanos españoles en África en todos los aspectos posible. Este modo de entender la colonización choca con implantar esta otra clase de justicia paralela a la justicia del derecho positivo de doctrina española.

España, en su justicia consuetudinaria o justicia de raza, se ocupa de un país, región, comarca o lugar, que es Guinea; por lo que se dirige a un grupo como si fuese unitario, formado por una sola unidad o que tiende a ella. Pero Guinea es un país multiétnico, formado por seis identidades: ndowé, bubi, bissio, fang, annobonesa y criolla; cada una de ellas con su historia y estadio de evolución; cinco lenguas diferentes; asimismo distintos sus usos, costumbres, moral, derecho y justicia y ésta su doctrina.

Por lo dicho, una justicia de raza en Guinea supone:
1) El conocimiento de las seis etnias que integran el país y su universo cultural en general.
2) Una investigación de los aspectos específicos de moral, derecho y justicia del mundo ancestral de las etnias.
3) La elaboración de un derecho consuetudinario común, que recoja todos los aspectos importantes de cada grupo.
4) La preparación de un cuerpo de doctrina judicial para todos.
5) Determinar las consideraciones jurídico-administrativas, lo que viene recogido en el Decreto.

Sin todos estos requisitos, resulta difícil hablar de Justicia Indígena, Justicia de Raza y Justicia Consuetudinaria, o Tribunal Consuetudinario.

En la puesta en práctica, esta justica o tribunal fue más bien como un "negro tribunal". Su tema principal, si no el único, era el matrimonio y sus problemas, con todo lo que puede llevar consigo. Se desarrolló en las demarcaciones de fang o de mucha población de ellos; donde parecía haber sido hecho solo para esta etnia. Su realización en las demarcaciones de otras etnias (ndowé, bubi, bissio y annobonesa) o pobladas mayoritariamente por ellas fue escasa.

3.7.4. La Justicia en base al Derecho Positivo.

La administración de la justicia, que corresponde, de manera exclusiva y excluyente, a los Jueces y Tribunales, se rigió en Guinea Ecuatorial como en la metrópoli, por su propia Ley Orgánica del Poder Judicial del 15 de septiembre de 1870.

La organización de la Justicia en base al Derecho Positivo se fundamentaba en el Derecho Civil español, en el ordenamiento jurídico español teniendo a Guinea Ecuatorial como su territorio; pero solo al servicio de los colonos españoles, los criollos y los emancipados. Se extendió, aplicándose a toda la población solo en los ocho últimos años de pertenecer a España, con los estatutos de Provincia y Autonomía. Se notó su falta de organización, desarrollo y arraigo en el país, tan pronto proclamarse la independencia.

Desde la década de 1950 empezaron a graduarse en Derecho, en las universidades españolas, los guineanos; alcanzando en la fecha de la independencia un total de cuatro: Alfredo Tomás King Thomas, Manuel Morgades Besari, Luis Maho Sicacha y Ana María Dougan.

Los ndowé, después de un largo tiempo de relaciones con los españoles, cuentan con su gran legado cultural de España. Esto se refleja en que *el español* es para los ndowé la segunda lengua materna y en la existencia de préstamos léxicos asimilados españoles en la lengua ndowé, y los valores, principios, ideales y convicciones, así como varios aspectos de las costumbres españolas. Todos ellos, fruto de una adquisición informal y de una aculturación formal por medio de la educación reglada en la escuela.

4. El genio del Pueblo Ndowé

El genio. El genio es la capacidad mental extraordinaria para crear o inventar cosas nuevas y admirables. Es el sujeto capaz para originar creaciones en el ámbito social, artístico, científico, etc., y reconocido como excepcional en el campo al que pertenece. En la filosofía del alemán Arthur Schopenhauer (1788-1860), el genio es alguien cuyo intelecto predomina sobre la "voluntad" mucho más que en una persona normal.

El genio de los pueblos. El genio de los pueblos es una herencia milenaria, transmitida de generación en generación; forma parte de su sistema de vida; hay que saber mantenerlo y hacer uso de él, y más cuanto sea necesario.

El espíritu del pueblo o espíritu nacional. Este espíritu, en alemán de donde nace es *volksgeist*, es un concepto propio del *nacionalismo romántico*, que consiste en atribuir a cada nación unos rasgos propios e inmutables a lo largo de la historia.

Distintas naciones distintas personalidades. Algunos pensadores de la *ilustración* como Voltaire o Rousseau compartían la idea de que distintas naciones tienen distintas personalidades. Y se encuentra en *El espíritu de las leyes* (XIX, 4) de Montesquieu que "el espíritu nacional" o "espíritu de una nación" es resultante de diversos factores (clima, religión, costumbres, etc.) origina un tipo específico y distinto de derecho para cada nación, contrario al derecho natural universal. El origen del concepto nace con el *prerromanticismo alemán*, en especial en las obras de Johann Gottlieb Fichte (1762-1814) y sobre todo de Johann Gottfried Herder (1744-1803).

Naciones independientes y diferentes. Frente al *cosmopolitismo ilustrado*, J. G. Herder defiende la existencia de *naciones independientes y diferentes*, a cada una de las cuales les corresponden unos rasgos constitutivos inmutables (raciales, psicológicos, culturales, etc.) que por lo tanto son históricos, anteriores y superiores a las personas que forman la nación en un momento determinado.

El espíritu propio de cada nación. La idea de Herder fue posteriormente adoptada por el *movimiento romántico primitivo y reaccionario* en especial por los hermanos Karl Wilhelm von Schlegel y August Wilhelm von Schlegel, quienes adaptaron esta idea al estudio de las lenguas, la literatura y el arte. Como resultado, estos negaron la existencia de unas normas literarias y artísticas universales, como defendía el *neoclasicismo*, y dieron importancia a aquellos géneros y elementos en los que se observaba con mayor claridad el *espíritu propio de cada nación*. A ellos se debe, por ejemplo, la revalorización de la épica antigua medieval, así como del teatro de Williams Shakespeare (1564-1616) o Pedro Calderón de la Barca (1600-1681), rechazados durante el siglo anterior por atenerse a las normas aristotélicas.

Conclusión. El genio del Pueblo Ndowé es: su personalidad diferente, su distinta personalidad nacional, su espíritu propio, su espíritu como pueblo, su genio de pueblo, y su espíritu nacional. Pero el genio de este Pueblo, como de todos los demás pueblos que se caracterizan así, se inclina por la diversidad cultural dando y recibiendo. Por ello, su orgullo nacional radica en la cultura; porque, a través de ella, cada pueblo debe cumplir un destino específico. Pero como la cultura es expresión de la riqueza de la humanidad diversa, incluye la posibilidad de comunicación entre unos pueblos con otros.

Todos los pueblos y naciones deben hacer un ejercicio de reflexión sobre su código, derivaciones e influencias que constituyen su identidad y tratar de actualizarlos. La falta de no hacerlo de este modo, lleva a la pérdida de fuerza y, en consecuencia, a su debilitamiento; lo que facilita su autodestrucción o aniquilación y la desaparición de la entidad.

Bibliografía

BUALO BOKAMBA, Esteban (1962): "Le va toko buwe" (Al fin vimos la luz), en *La Guinea Española*, LIX, 4-89. Santa Isabel.

CONVENIO ENTRE ESPAÑA Y FRANCIA *para la delimitación de las posesiones de ambos países en la costa del Sahara y en la del Golfo de Guinea, hecho en París el 27 de junio de 1900.* París.

DYOMBE DYANGANI, María Cristina (2008): *identidad cultural ndowé.* Ndòwê International Press, Nueva York.

EÑESO KOLA, Makome Beatriz (2021): *Nosotros, los ndowéé. Ser ndowéé es un sentimiento.* Ibérica Libros, Madrid.

EVITA ENOY, Leoncio (1953): *Cuando los combes luchaban.* Instituto de Estudios Africanos, Madrid; 2ª edición, Agencia Española de Cooperación Internacional, Madrid, 1996; 3ª edición, Sial/Casa de Africa, Madrid, 2016.

HITTI, P. (1975): *El Islam, un modo de vida.* Gredos, Madrid.

IBIYA IKENGE, Matías (1872): *Mbêmbo ja Benga na betomba be bakake na bâ,* escrito en Corisco. Publicado en inglés como *Customs of the Benga and the Neighboring Ethnie Groups.* American Tract Society, Nueva York, cap. VI, 31. Edición en español *Costumbres bengas y de los pueblos vecinos.* Sial/Casa de África, Madrid, 2004.

IKUGA EBOMBEBOMBE, Andrés Ngangwé (1993): "Interpretación de las emigraciones de las tribus ndowés", en *Cómo se habla, se escribe y se lee el ndowé*. Editado bajo el patrocinio de las actividades culturales de la Asociación Cultural Rhombe (Comunidad Ndowé), págs. 17-18. Barcelona.

IYANGA PENDI, Augusto (1991): *Préstamos en la lengua ndowé de Guinea Ecuatorial*. Nau Llibres, Valencia.

IYANGA PENDI, Augusto (1992): *El Pueblo Ndowé. Etnología, sociología e historia*. Nau Llibres, Valencia.

IYANGA PENDI, Augusto (1994): "La transmisión cultural entre los ndowé", en *África 2000*, CCHG. Nº22, 47-50. Malabo-Madrid.

IYANGA PENDI, Augusto (2016): *Mhbukwa: Mito y leyenda*. Sial/Casa de África, Madrid.

IYANGA PENDI, Augusto (2020): *Los ndowés*. Sial/Casa de Africa, Madrid.

IYANGA PENDI, Augusto (2021): *Historia de Guinea Ecuatorial*. Nau Llibres, Valencia.

IYANGA PENDI, Augusto (2022): *El Reino de Corisco y la cuestión guineana*. Nau Llibres, Valencia.

LERENA Y BARRY, Juan José (1843): *Acta de incorporación a la Corona de España de la isla de Corisco/Carta de nacionalidad española para los habitantes del reino de Corisco*. Archivo General CMF (Claretianos), Barcelona; Sección F, Serie N, Caja 8, Carpeta 2.

MIRANDA JUNCO, Agustín (1945): *Leyes Coloniales*. Instituto de Estudios Africanos, Madrid.

RABAT MAKAMBO, Práxedes (2006): *Ritos y creencias ndowé*. Ndòwê International Press, Nueva York.

RAPONDA WALKER, André (1961): "Les rois Benga de 1843-1960", en *Reàlité gabonaise*, 14, 7-8. Libreville.

TRATADO *sobre los límites de los estados pertenecientes a las Coronas de España y Portugal en América Meridional; ajustado y concluido en San Ildefonso, a 1 de octubre de 1777.* La Granja de San Ildefonso, Segovia.

TRATADO HISPANO-LUSITANO *de El Pardo, a 24 de marzo de 1778.* Madrid.